Ömer Erzeren
Eisbein in Alanya

AUSGESONDERT

Ömer Erzeren

Eisbein in Alanya

Erfahrungen in der Vielfalt
deutsch-türkischen Lebens

Fachhochschule Landshut

- BIBLIOTHEK -
MS 3600 E73+1
06/525

Bibliografische Information Der Deutschen Bibliothek

Die Deutsche Bibliothek verzeichnet diese Publikation
in der Deutschen Nationalbibliografie;
detaillierte bibliografische Daten sind im Internet über
http://dnb.ddb.de abrufbar

© edition Körber-Stiftung, Hamburg 2004
Konzeption und Beratung: Oya Susanne Abalı, Susanne Kutz
Lektorat: Claudia Schmitt
Info-Telegramme: Dr. Bianca Kaiser (bk)
unter Mitarbeit von Esther Karay (ek) und Claudia Schmitt (cs)
Fotos: Ömer Erzeren
Umschlaggestaltung und Coverfoto: Groothuis, Lohfert,
Consorten | glcons.de
Herstellung: Das Herstellungsbüro, Hamburg
Druck und Bindung: Clausen & Bosse, Leck
Printed in Germany
ISBN 3-89684-058-4

Alle Rechte vorbehalten

www.edition-koerber-stiftung.de

Inhalt

Verstehen und verständlich machen

Anderssein als Lebenserfahrung

Dieses Buch ist ein Buch über Menschen. Über Menschen, die anders sind. Es stellt behinderte, dicke oder homosexuelle Menschen vor, Menschen, die mit einer fremden Sprache aufgewachsen sind oder einen anderen Glauben haben als die meisten um sie herum.

Den Anstoß zu diesem Buch gab die Körber-Stiftung, die sich im Rahmen ihres Deutsch-Türkischen Dialogs des Themas »Diversity« annahm. »Diversity« – das ist ein zurzeit viel verwendeter Begriff, der in den aktuellen Debatten mehr als die reine Übersetzung des Wortes Vielfalt darstellt. Es ist das Schlüsselwort für ein Konzept, das sowohl in betrieblichen wie in gesellschaftlichen Zusammenhängen auf die Mischung von Fähigkeiten, Fertigkeiten, Herkünften und Prägungen setzt, das Anderssein als einen positiven Wert hervorhebt. Auf der Ebene des theoretischen Diskurses ist relativ schnell Einigkeit darüber erreicht, unterschiedliche Lebensweisen, andersartiges Verhalten als Gewinn zu betrachten. Doch wer bestimmt, welche Facetten, welche Ausprägungen positiv sind? Wie geht es denen, die von der Mehrheitsgesellschaft als »anders« defi-

niert werden, aber sich vielleicht in den von außen gesetzten Zuordnungen gar nicht wiederfinden? Wie erleben sie gewolltes oder ungewolltes Anderssein? Die Intensität der einzelnen Erfahrungen befleckt sehr schnell wohlgeordnete Weltbilder. Die Wortführer geschlossener Parallelgesellschaften mögen beim offenen Blick in das wirkliche Leben irritiert werden, und die individuellen Probleme im gesellschaftlichen Umgang mit Anderssein kennen lernen.

Ich mag Menschen, die anders sind. Als Kind selber mit dem Gefühl aufgewachsen, anders zu sein, fühle ich mich ihnen verbunden. Meine Kindheit und Jugend verbrachte ich größtenteils im Deutschland der sechziger und siebziger Jahre, bevor ich mich im Alter von 25 Jahren entschloss, nach Istanbul zu ziehen. Es war die Zeit des wirtschaftlichen Aufschwungs, niemand redete von der »Unterwanderung der Sozialsysteme durch Ausländer«, rassistisch motivierte Morde waren unbekannt. Als dreijähriges Kind aus einem bürgerlichen Elternhaus hatte ich schnell die deutsche Sprache erlernt, mein Sozialverhalten unterschied sich nicht merklich von dem anderer Kinder. Nichtsdestotrotz war ich schon in der Grundschule ein Außenseiter, ein Sonderling. Die Eltern der anderen Kinder wollten nicht, dass man Freundschaft mit mir schloss; nur in einer einzigen, übrigens strenggläubigen katholischen Familie war ich als Gast willkommen. Noch heute habe ich das ungläubige Gesicht eines Gymnasiallehrers vor Augen, der von uns zwölfjährigen Schülern im Unterricht verlangte, ein Gedicht von Goethe zu interpretieren. Es war unsere erste Deutschstunde bei ihm, und ich war der einzige Schüler, der seinen Erwartungen entsprach. Ich hatte einen fremdartigen Namen und eine dunkle Haut, doch ich interpretierte Goethe. Nach dem Unterricht kam er zu mir. Er fragte sich, wie das sein könne, und verstand die Welt nicht mehr.

Ich habe mich an viele Geschehnisse meiner Kindheit und Jugend erinnert, als ich mit Menschen, die in einem anderen sozialen Umfeld aufgewachsen sind, Gespräche führte. Wenn in Istanbul der schwule kurdische Dramaturg Abdullah etwa darüber berichtet, dass andere Menschen ihm nicht glauben wollen, dass er Kurde ist. Oder wenn die lesbische Selcen davon erzählt, dass sich eine Frau, mit der sie in einer Disco flirtete, genau in dem Augenblick abwendet, als sie erfährt, dass sie Türkin ist. Die Kombination von »schwul, kurdisch, kreativ« passt in der Türkei nicht in den herrschenden Diskurs. Ebenso wenig »lesbisch, Türkin« oder »Goethe, Gedicht, Türke« in Deutschland.

Dieses Buch kann missverstanden werden. Es geht nicht um den Vergleich der deutschen und der türkischen Gesellschaft. Wer meint, mit diesem Buch würden die Probleme von Ausgrenzung im Ländervergleich dargestellt, unterliegt einem Irrtum. Dieses Buch hat keinen wissenschaftlichen Anspruch. Klar wird dies auch, wenn man sich die Entstehungsgeschichte vor Augen führt. Ich führte im Zeitraum März bis Juni 2004 in der Türkei wie in Deutschland Gespräche mit Menschen, die auf Grund eines oder mehrerer biologischer oder sozialer Faktoren von der Mehrheitsgesellschaft als »anders« definiert werden. Es waren lange Gespräche, die über den Rahmen journalistischer Interviews hinausgingen. Eine von mir bevorzugte Form, die Erfahrungen und Gedanken der Menschen adäquat wiederzugeben, ist der Monolog. An anderen Stellen wurde das Porträt gewählt, in einem Fall die Reportage. Die Auswahl der Gesprächspartner war zufällig. Entweder kannte ich die Gesprächspartner bereits, oder Freunde, Bekannte und Familienangehörige stellten Kontakte her. In der Türkei war es leichter, Gesprächspartner zu finden, in Deutschland schwieriger. Viele willigten zuerst ein, über ihre ganz persönlichen Erfahrungen

von Ausgrenzung und Diskriminierung zu reden, entschlossen sich dann aber später abzusagen. Meine Gesprächspartner waren in jeder Hinsicht bunt gemischt: Ethnie, Geschlecht, sexuelle Prägung waren ebenso unterschiedlich wie sozialer Status oder Bildungsgrad.

Trotz aller Unterschiede in der Erfahrung von Diskriminierung zieht sich ein roter Faden durch das Buch. Alle Menschen, die hier zu Wort kommen, durchbrechen die Stereotype, die ihnen zumeist im öffentlichen Diskurs aufgezwungen werden. Die Vorstellung vom Kurden in der Türkei, der entweder als Schafhirte im Dorf oder mit einer Kalaschnikow bewaffnet in den Bergen spaziert, wird hier nicht bedient. Wer meint, Behinderte könnten sich nur innerhalb einer Opferrolle bewegen, irrt sich. Wer meint, alle dicken Menschen verarbeiteten erfahrene Ausgrenzung in gleicher Weise, täuscht sich. Wer nach kollektiven Identitäten sucht, sollte dieses Buch schnell beiseite legen. Hier werden ganz persönliche Geschichten erzählt. Jede menschliche Biographie ist einzigartig. Jeder Mensch hat multiple Identitäten. Die Reduktion auf eine kollektive Identität ist ein Lügenkonstrukt, das leicht instrumentalisierbar ist: vom Mobbing in der Schule oder am Arbeitsplatz bis zum Völkermord.

Und doch: Tagtäglich werden kollektive Identitäten konstruiert, zugewiesen und bekräftigt. Erst kürzlich habe ich eine Journalistin in einem Rundfunkbeitrag über die Fußball-Europameisterschaft 2004 sagen hören, die Griechen seien »den Deutschen« dankbar. Ist es nicht absurd, das Können und die Fähigkeiten einer einzelnen Person – nämlich des Trainers der griechischen Nationalelf Otto Rehhagel – einer homogenisierten Masse von 80 Millionen zuzuweisen? Weder der Urheberin noch vielen Zuhörern stößt dies offenkundig auf. Das Beispiel Fußball veranschaulicht die Absurdität solch eines künstlich

konstruierten Kollektivs. Denn im Falle einer Niederlage wird das zuvor geschaffene Kollektiv – in diesem Beispiel die Nationalmannschaft – unverzüglich demontiert, wieder in seine Einzelteile zerlegt (»Der Spieler x hätte ausgewechselt werden müssen«, »Der Trainer hatte eine falsche Strategie«). Erst im Fall der Niederlage folgt die kritische Reflexion.

Obwohl Deutschland und die Türkei heute Gesellschaften mit bürgerlichen Rechtsnormen sind, ist doch institutionelle Diskriminierung Teil des sozialen Alltags. Es gibt keine empirischen Untersuchungen darüber, wie viele Immigrantenkinder in Deutschland auf Grund rassistischer Stereotype in den Köpfen von Lehrern an einer weiterführenden Schulbildung gehindert worden sind. Es gibt keine Untersuchungen darüber, wie viele türkische Staatsbürger jüdischen oder christlichen Glaubens bei Behördengängen in der Türkei diskriminiert wurden. Im Alltag brechen staatliche Institutionen zu gerne bürgerliche Rechtsnormen, nicht selten ermuntert durch die Politik. Zwar folgt öffentliche Kritik, etwa wenn der Bundestagsabgeordnete Henry Nitzsche aussagt: »Um die Wählerstimmen von eingebürgerten Türken zu buhlen, halte ich für vergebliche Liebesmüh. Eher wird einem Moslem die Hand abfaulen, als dass er bei der CDU sein Kreuz auf den Wahlzettel macht.« Doch wird er als Verfassungs- und Staatsfeind angeprangert? Nein. Er kann sein Mandat weiter ausüben. Es gab Kritik in den türkischen Medien, als der ehemalige Bürgermeister von Izmir, Burhan Özfatura, eine junge Türkin levantinischer Abstammung, die sich politisch engagiert hatte, unter Anspielung auf ihre Herkunft und ihren Namen diskriminierte. Doch auch er blieb im Amt.

Dieses Buch kann die Formen politischer und institutioneller Diskriminierung weder systematisch darstellen noch aufarbeiten. Gleichwohl werden einzelne Punkte, wie der

kurdische Konflikt in der Türkei oder das Immigrantenleben in Deutschland, häufig gestreift. Politische Gegenwart und Vergangenheit schweben wie eine Dunstglocke über den Erzählungen der Gesprächspartner, die – manchmal reflektiert, manchmal unreflektiert – Bezug nehmen auf einzelne politische Geschehnisse. Das Hauptaugenmerk dieses Buches gilt der persönlichen Aufarbeitung. Wie geht ein Mensch damit um, wenn er – nicht nur von der Mehrheitsgesellschaft, sondern auch von der Minderheit, der er angehört – eine kollektive Identität übergestülpt bekommt, ausgegrenzt und marginalisiert wird?

Als der britische Historiker Eric Hobsbawm auf der Leipziger Buchmesse 1999 nach Überreichung des Preises für Europäische Verständigung seine Dankesrede auf Deutsch begann, machte er die Zuhörer auf einen wichtigen Punkt aufmerksam. Es sei nicht sein holpriges Deutsch, das er aus der fernen Jugend herübergerettet habe, das eine Konversation ermögliche. Vielmehr sei die Verständigung möglich, weil die Zuhörer wüssten, worüber er spreche. Ohne einen gemeinsamen intellektuellen Raum, ohne die anerkannten Regeln eines gemeinsamen Diskurses, ohne den Teil der Identität, die allen Menschen gemeinsam ist, spreche man aneinander vorbei. »Wie kann man sich überhaupt verständigen«, fragte Hobsbawm, wenn man sagt: »Meinem Wesen nach bin ich Kurde oder Serbe oder Schwarzer oder Frau oder Mohammedaner oder Schwuler oder Jude, und wenn ihr nicht meinesgleichen seid, so könnt ihr mich überhaupt nicht verstehen.« Als Historiker, der mit seinem Lebenswerk viel zur Zerstörung nationaler Mythen beigetragen hat, verwies er auf die Bedeutung von verstehen und verständlich machen.

Dies ist auch das Hauptanliegen dieses Buches. Verstehen und verständlich machen. In der Rolle des Aufschreibers habe

ich viel dazugelernt, wenn ich meinen Gesprächspartnern zu-
hörte. Ich versuchte, sie zu verstehen. Sie bemühten sich um
eine Sprache, die die Brüche in ihren Lebensläufen verständlich zu machen sucht. Sie nahmen mich mit auf ihre persönliche Odyssee, die mit vielen Irrungen und Wendungen verbunden war. Ihnen gilt mein Dank.

anders sein anders sein anders sein anders se
anders sein anders sein anders sein anders sein anders sei
anders sein anders sein anders sein anders sein anders
sein anders sein anders sein anders sein anders sein
sein anders sein anders sein anders sein anders sein ander
sein anders sein anders sein anders sein anders s
anders sein anders sein anders sein anders sein anders se
anders sein anders sein anders sein anders sein anders s
sein anders sein anders sein anders sein anders sei
anders sein anders sein anders sein anders sein and
sein anders sein anders sein anders sein anders se
anders sein anders sein anders sein anders sein anders sei

anders sein anders sein anders sein anders sein anders sein

anders sein **anders sein** anders sein anders sein

anders sein anders sein anders sein anders sein anders

anders sein anders sein anders sein **anders sein** anders

anders sein anders sein anders sein anders sein **anders**

anders sein **fremd sein** anders sein anders sein

anders sein anders sein anders sein anders sein anders sein

anders sein anders sein **anders sein** anders

anders sein anders sein anders sein anders sein anders sein

s sein anders sein anders sein anders sein anders

anders sein anders sein anders sein anders sein anders sein

anders sein **anders sein** anders sein anders sein anders

Eisbein in Alanya
Deutsche Migranten im Orient

Der Sänger will die Gäste in Stimmung bringen: »Arme hoch, Beine ausstrecken. Los! Los! Los! Zickezackezickezacke.« In Willis Coco-Beach ist der Teufel los. Heute ist Pyjamaparty. Zwar ist kaum jemand im Pyjama erschienen, doch tut dies der ausgelassenen Stimmung keinen Abbruch. Ununterbrochen wird am Tresen Bier gezapft. Ältere Pärchen tanzen vergnügt zu Livemusik. Hier ist alles fest in deutscher Hand. Sei es die Speisekarte – Nürnberger Rostbratwürstchen mit Kartoffelpüree, Sauerbraten mit Rotkohl oder Kassler mit Sauerkraut – oder die Musik. »Rosamunde« tönt durch die Reihen. Und wenn sich die deutschen Sänger zur Pause zurückziehen, spielt man CDs mit Musik von Freddy Quinn, Wolfgang Petri und Peter Maffay. Willi, der Wirt, ist ganz begeistert von dem Eisbein, das ein Stammkunde aus Dortmund mitgebracht hat. Da er es noch nicht über einen Großhändler in der Türkei beziehen kann, ist er auf den Koffertourismus der deutschen Stammgäste angewiesen. Nur die abends beleuchtete Burg von Alanya, auf die die Gäste des Coco-Beach blicken, und der in Reiseführern gepriesene »Kleopatra-Strand«, der sich den städtischen Grünanlagen vor der Kneipe anschließt, verrät, dass man sich auf mediterranem Territorium befindet. Und – nicht zu vergessen – die türkischen Kellner, die emsig auf Deutsch Bestellungen entgegennehmen. Die 120 000 Einwohner zählende Stadt Alanya an der türkischen Mittelmeerküste hat sich im vergangenen Jahrzehnt nicht nur zu einem Zentrum für Hunderttausende deutsche Touristen entwickelt, sondern ist

ständige Bleibe mehrerer Tausend Deutscher, die sich aus den unterschiedlichsten Gründen hier niedergelassen haben.

Wo Bier fließt und viele Menschen beisammen hocken, wie im Coco-Beach, wird es laut. Hauptgesprächsstoff der deutschen Kundschaft sind Alanya, die Türkei und die Türken. Enthemmt vom Alkohol werden Türken-Witze und Anekdoten erzählt. »Die Türken sind sonderbar. Ich bin im Geschäft. Er kümmert sich um mich. Ein anderer Kunde kommt rein, quatscht ihn an. Sofort beginnt er mit dem anderen ein Gespräch.« »Ist halt so. Musst du mit leben.« »Und trauen kannste keinem von denen. Die betrügen dich doch an jeder Ecke. Kennste den Witz? Trau keinem Türken, der älter als zwei Jahre ist. Weißte, warum? Dann kann der Türke sprechen.« »Die Jungs baggern deutsche Frauen an. Aber wenn wir eine türkische Frau anbaggern, ist das eine Todsünde. Nach außen geben sie sich europäisch. Aber nach innen sind sie stockkonservativ.«

Wenn im Coco-Beach tagsüber wenig Betrieb ist, zündet sich Willi Fiellbach gerne eine Zigarre an, um zu entspannen. Der 61-Jährige verließ Deutschland mit 45. In Rheinhausen bei Duisburg führte er schon eine Kneipe, die er in den achtziger Jahren aus wirtschaftlichen Gründen aufgab. Zunächst verschlug es Willi auf die Kanarischen Inseln, bevor er Alanya entdeckte. Seit 14 Jahren gibt es Willis Coco-Beach nun, zuerst an einem anderen Ort als Restaurant, Disco und Strandcafé und jetzt als Kneipe unter einem sechsstöckigen Neubau mit Blick aufs Meer und die Burg. »Ich bereue nichts«, sagt Willi. »Die ersten Jahre habe ich hart gearbeitet. Aber letztendlich hat es sich ausgezahlt.« Fremdheit verspüre er nicht. »Wichtig ist, eine Beschäftigung zu haben. Sonst ist man ohnehin unter seinesgleichen.« 90 % der Kunden seien deutsche Touristen, den Rest machten deutsche Stammgäste aus. Doch auf viele Deutsche, die ständig in Alanya leben, ist Willi nicht gut zu sprechen. »Es

gibt viele, die mit einer minimalen Rente auskommen müssen. Dann gehen sie raus und wollen alles geschenkt haben. Ich habe keinen Touristen erlebt, der über die Preise gemeckert hat, aber einige der einheimischen Deutschen schon.«

Cornelia Cunningham – ihr Exmann war Schotte – heißt hier einfach nur Conny und ist die Lebensgefährtin von Willi. Sie hat mit 39 Jahren, als in Münster ihre Tochter von zu Hause ausgezogen ist, die Brücken abgebrochen und lebt seit zehn Jahren in Alanya. In Westfalen hat sie gekellnert. Hier ist sie Chefin und lebt mit Willi in einer 200 qm großen Wohnung am Rande der Stadt. Jeder hier kenne sie, meint Conny. »Ich war sogar schon in der Tageszeitung ›Hürriyet‹.« Am Anfang hätten die Männer sie nicht gegrüßt. Das sei jetzt anders. Sie habe sich durch Freundlichkeit Respekt erarbeitet, auch unter den Besitzern und Beschäftigten der umliegenden Hotels. Ihr Lebensmittelpunkt sei die Kneipe, wo sie von morgens bis spät in die Nacht sei. Die Westfälin mit den rot gefärbten Haaren ist hyperaktiv. In diesem Jahr hat sie Karneval in Alanya organisiert. Mit Kutschen, Jeeps und anderen Fahrzeugen sei man durch die Stadt gezogen und habe Kamellen verteilt. »Nächstes Jahr soll's noch größer werden.« Auch Nikolaus und Ostern werden gefeiert.

Ob Pyjamaparty, Lumpenparty, Halloween oder Tanz in den Mai – zu jeder Jahreszeit organisiert Conny etwas. Und doch gesteht sie freimütig ein: »Enge Freunde habe ich nicht. Doch Tochter und Enkel kommen mich besuchen.« Man wird ihres großen Herzens spätestens angesichts der vielen Katzen im Vorgarten gewahr. Was für viele Gäste nur ein Tick der Chefin ist, ist deren ganzer Stolz. In ihrem Katzenhaus hinter der Kneipe hat sie für 30 Katzen Schlafplätze eingerichtet. In Alanya gebe es nur ein Tierheim für Hunde. So hat Conny ihr eigenes Katzenheim eingerichtet. »Jede Katze hat einen Namen.«

Wo viele Deutsche sind, wie in Alanya, dürfen auch Vereine nicht fehlen. Rund 60 Mitglieder, fast allesamt Deutsche, haben sich auf der Dachterrasse des Büyük Hotel eingefunden, auf der der Verein »Addida« tagt. »Addida« ist das türkische Kürzel für den komplizierten Namen »Deutscher Freundschafts-, Solidaritäts- und Kommunikationsverein Alanya«. Eine A4-Broschüre liegt aus: der Gemeindebrief aus Istanbul, Informationen für deutschsprachige Christen in der Türkei, herausgegeben von der Evangelischen Gemeinde und der Katholischen Pfarrei. Die Geschäfte in Alanya, die Vereinsmitgliedern Discount gewähren, werden verlesen. Auch ein Handelsvertreter einer Großbäckerei aus Antalya, die Roggen- und Schwarzbrot verkauft, ist anwesend. Nun werde auch Alanya beliefert, zumindest im deutschen Laden »Feinkost Gourmet« sei die Qualitätsware erhältlich. Auf einem Tisch türmen sich die Brote der Firma. Es darf, es soll probiert werden.

Im erst kürzlich gegründeten Verein führt die resolute Ute Brix den Vorsitz. Es gibt die Wandergruppe, die Gymnastikgruppe, die Skatgruppe, die Bastelgruppe und die Gruppe Malen im Freien. Einmal im Monat wird ein Tagesausflug veranstaltet, an welchem 30 bis 40 Mitglieder teilnehmen. Für die 59-Jährige aus dem Rheinland und ihren Ehemann Dieter waren finanzielle und gesundheitliche Gründe ausschlaggebend für den Umzug nach Alanya. Nachdem ihr Arbeitsplatz in Deutschland wegrationalisiert wurde – sie hatte Schichtdienst am Computer geschoben –, packte sie ihre Sachen. In Alanya fühlt sich die Familie Brix nicht ausgegrenzt. Das Klima bekommt beiden besser, sie fühlen sich wohl. Verärgert sind sie jedoch über ihr Autokennzeichen. Die Buchstabenfolge MA, die auf dem Nummernschild jedes Ausländers, der dauerhaft in der Türkei residiert, zu lesen ist, kennzeichnet sie bereits als Nicht-Türken. Des Türkischen sind die Eheleute nicht mächtig.

»Ich genieße das Fremdartige«, sagt Ute. »Als wir in unsere erste Wohnung, die wir gekauft hatten, eingezogen waren, haben wir früh morgens unsere Badesachen genommen und wollten zum Strand. Es dauerte Stunden, bis wir die wenigen Hundert Meter zurückgelegt hatten. Zuerst lädt der erste Nachbar zum Tee ein. Dann der Zweite. Ich genieße das.« Doch überhöhte Preise seien gang und gäbe. »Hier in Alanya werden alle übers Ohr gehauen«, wirft Dieter ein. Ute meint, dass sie ganz wenigen Türken in Alanya, wie einem Zahnarztehepaar, mit dem sie befreundet seien, vertraue. Immer wieder werde man betrogen. »Für viele Türken ist es hier ein Überlebenskampf. Man muss sich mal vorstellen, was die verdienen. Aus der Not heraus sind sie abgebrüht. Ich weiß nicht, was ich machen würde, wenn ich in der Situation wäre.« Eine Türkin aus Berlin begleite sie deswegen immer zum Einkaufen, wenn diese auf Urlaub in Alanya sei. Um die ursprüngliche Freundlichkeit der Türken zu erfahren, müsse man Alanya verlassen und in die Berge gehen. »Dort sind die Menschen ganz anders. Wenn wir in Alanya betrogen werden, fahren wir in die Berge.«

Jeden ersten Samstag im Monat tagt auf der Dachterrasse des Hotel Miray ein weiterer Verein: der »Freiheitlich Deutsch-Türkische Freundschaftsverein Hür-Türk«. Da wird debattiert über den anstehenden Ausflug des Vereins in die anatolische Stadt Isparta und über eine Satzungsänderung, die dem Verein angeblich ganz neue Perspektiven eröffne. Ein Mann im dunkelblauen Anzug, der Vorsitzende Fahri Yiğit, erinnert an die Pflicht der deutschen Vereinsmitglieder, beim Besuch des CDU-Bundestagsabgeordneten Thomas Kossendey in wenigen Wochen anwesend zu sein. Der 54-Jährige, dem das Hotel Miray, in dem sich der Verein trifft, gehört, saß schon in den achtziger Jahren im Stadtrat. Acht Jahre lang war er stellvertretender Bürgermeister in Alanya. Der Verein sei 1998 gegrün-

det worden, die überwältigende Mehrheit seien Deutsche, berichtet Fahri. Dann erzählt er von den Vereinsaktivitäten. Von Kaffee und Kuchen, vom Weihnachtsmarkt beim Fischmarkt und von den Ausflügen, die der Verein organisiert. Fahri kümmert sich um die Probleme der Deutschen mit der Bürokratie, insbesondere um Belange mit der Ausländerpolizei. Doch manchmal ist er es leid, Vorsitzender des Vereins zu sein. »Wir erzählen immer wieder: Kauft keine Häuser und Wohnungen, die keine behördliche Wohngenehmigung haben. Trotzdem tun sie es. Sie kriegen dann Probleme mit den Wasserwerken und der Elektrizitätsverwaltung, schimpfen über die Bürokratie und betteln beim Verein um Hilfe.« Fahri ärgert sich über die ungeheure Energie, die Deutsche für Satzungsänderungen des Vereins aufbringen. Und über Leute, die ihn als Vereinsvorsitzenden der materiellen Vorteilnahme bezichtigen. So bei einem Ausflug nach Kap Anamur. Um die rund 40-köpfige Gruppe nicht allein zu lassen, sei er guten Willens als Übersetzer mitgegangen. Eine Million Türkische Lira (ca. 60 Cent) habe der Eintritt ins örtliche Museum gekostet. »Ich habe das Geld eingesammelt und bezahlt. Hinterher hat eine deutsche Frau steif und fest behauptet, der Eintritt koste nur die Hälfte. Ich habe sie ins Alanya-Museum zerren müssen, wo eine Liste mit Eintrittspreisen aller türkischen Museen ausliegt. Natürlich kostete es eine Million. Die Deutschen haben einfach kein Vertrauen. Vertrauen zu niemandem. Ich bin Geschäftsmann, habe ein großes Hotel und bemühe mich um deutsch-türkische Freundschaft. Und dann wird man noch des Betruges um ein paar Cent bezichtigt.« Fahri sinniert über Unterschiede zwischen Deutschen und Türken. »Wir sind gelassener. Wir nehmen das Leben, wie es kommt. Die Deutschen sind anders.« In den siebziger Jahren in Deutschland habe ihn kein Deutscher zum Kaffee eingeladen. »Es ist interessant. Die Deutschen in

Alanya lernen viel. Hier wird man von Deutschen eingeladen. Sie lernen türkische Sitten und Gebräuche.« Doch dann fällt ihm wieder eine Deutsche ein, die ihm das Leben schwer gemacht hat. »Sie kam immer wieder zu mir wegen eines krähenden Hahnes. Was soll ich da machen?« Fahri ist noch immer erzürnt, als er seine damalige Antwort wiedergibt: »Dies ist der Orient. Im Orient krähen nun mal die Hähne. So ist das.«

Der Traum, die Rente in mildem Klima und unter warmer Sonne zu verbringen, ist für viele ältere Deutsche die Hauptmotivation für den Umzug. Alanya bietet sich wegen des niedrigeren Preisniveaus als echte Alternative zu den Kanarischen Inseln und Mallorca an. Heike Grobe träumte diesen Traum zum ersten Mal vor zehn Jahren, als sie ihren Urlaub in Alanya verbrachte. Verwirklicht hat sie ihn, als sie mit 60 in Rente ging. Die Hamburger Sekretärin kaufte sich vor sechs Jahren in Alanya eine 130-qm-Wohnung für 30 000 Euro. Seit zwei Jahren lebt sie ständig hier, und sobald ihr Mann Werner in Rente geht, wird auch er zu ihr ziehen. Heike ist glücklich. Dank des milden Klimas gehe es ihr hier gesundheitlich viel besser. Land und Leute, die Berge und das Meer, »alles ist vor der Haustür. Und hier kommt man außerdem mit dem Geld ganz gut aus.« Ausländerfeindlichkeit existiere in Alanya nicht. Natürlich habe es Anfangsschwierigkeiten gegeben. Es sei nicht einfach, neue Freundschaften zu schließen. Ein Jahr habe es gedauert, bis die Türken akzeptiert hätten, dass man als Frau auch alleine Bier trinken gehen kann. Doch heute ziehe sie keine neugierigen Blicke mehr auf sich. »Ich bin akzeptiert. Das gesamte Viertel kennt mich.« Ganz liebevoll haben die Nachbarn ihr einen türkischen Namen gegeben. »Ayşe Hanım« – so wird Heike angeredet. Der Anonymität, der Hektik und dem Stress in Deutschland entronnen zu sein, hält Heike für eine Errungenschaft. »In Hamburg gab es Nachbarn, deren Namen ich erst

nach ein, zwei Jahren kannte. Hier ist das anders. Wir haben türkische Freunde, die anrufen, wenn sie ein paar Tage nichts von mir hören, um sich zu vergewissern, dass alles in Ordnung ist. In Deutschland passiert das nicht.«

Diese Erfahrung teilen Heike und Werner mit vielen anderen Deutschen in Alanya. Die Türken in Deutschland sind ihnen fremder als die Türken in Alanya. In Alanya seien sie hilfsbereiter und gesprächsfreudiger. »Die Türken in Deutschland sind viel konservativer. In der Türkei gibt es freie Partnerwahl, in Deutschland gibt es Zwangshochzeiten. In Deutschland laufen mehr Frauen mit Kopftuch herum als in der Türkei. Dass sich die Türkei geöffnet hat, haben die Türken in Deutschland gar nicht mitbekommen.« Egon Leverenz aus Lübeck, auch ein Alanya-Deutscher in Rente, pflichtet Heike bei. »Die Türken, die in den sechziger Jahren nach Deutschland zogen, waren zurückhaltend. Der Nachwuchs, die Jüngeren – die sind verdammt aggressiv.« Diese Beobachtung teilen viele Alanya-Deutschen. Adam Walther aus Ludwigshafen, bei dem eine türkische Frau, die er vor einem Jahr kennen gelernt hatte, Grund für den Verbleib in Alanya war, stimmt ebenfalls zu. »Die Türken in Alanya sprechen besser Deutsch und sind freundlicher. In Deutschland wissen sich die älteren Türken zu benehmen. Die Jüngeren laufen rum und pöbeln ›Scheiß-Deutsche‹.« Seine Beziehung hielt zwar nur drei Monate, doch Adam blieb.

Die Touristen sind für Heike Grobe, wie für die meisten Alanya-Bewohner, ein Ärgernis. »In der Hochsaison gibt es nur Krach und Sauferei. Und dann die Frauen mit oben ohne. In Deutschland würden sie am Stadtstrand nicht so rumlaufen. Hier tun sie es.« Der Stuttgarter Albert Köhler und seine Ehefrau Doris pflichten ihr bei: »Die schönste Zeit in Alanya ist, wenn keine Touristen da sind.« Seit sechs Jahren hat sich das kinderlose Ehepaar in Alanya etabliert. Sie wohnen in einer

Siedlung in Mahmutlar, 12 km vom Stadtzentrum entfernt. Seit drei Jahren haben sie auch ein Auto. Albert zieht es nicht nach Deutschland zurück. Er war seit zwei Jahren nicht mehr dort. Längst habe er es aufgegeben, sich über die Langsamkeit in der Türkei, etwa bei Behördengängen, aufzuregen. »Wenn du die Zeit und die Bereitschaft hast, es anzunehmen, läuft alles viel gemütlicher.« Das Wort Lebensqualität fällt. Doch überhöhte Touristenpreise seien nervig. Und über schreckliche Bauprojekte ärgern sich beide. 13-stöckige Häuser seien vor ihrer Siedlung hochgezogen worden. »Früher konnten wir bis Alanya blicken. Jetzt ist die Aussicht weg«, sagt Albert. »Ich wünsche mir manchmal, dass ich Türkisch fluchen könnte.« Die Kommunalwahlen im März 2004 haben beide gespannt mitverfolgt und sind über den Wahlausgang in Mahmutlar glücklich. »Der alte Bürgermeister ist abgewählt worden. Der neue ist auch viel glaubhafter.« Noch habe Mahmutlar keine Kläranlage. Das sei das große Projekt der Zukunft. Doch Albert stellt auch trocken fest: »Ich bin Gast hier. Ich muss dieses Land nicht ändern.« Mit wenigen Brocken Türkisch hat das Ehepaar einen Modus Vivendi gefunden. »Wenn wir Ausflüge in die Provinz machen, sind die Leute neugierig«, sagt Doris. »Sie sind neugierig, aber nicht böse. In Deutschland habe ich auch jemanden mit lila Haaren angeguckt. Hier passe ich mich der Kleidung an: kein kurzer Rock, kein Ausschnitt.« Und hier sei Kontakt mit Türken einfach, im Gegensatz zu Deutschland: »Dort kapseln sich die Türken ab.«

Das Ehepaar Loni und Günter Wojziechowski lernte Alanya im Urlaub – anlässlich ihrer Silberhochzeit – kennen und lieben, bevor sie sich mit Eintritt der Rente dort niederließen. Vor drei Jahren haben sie eine Wohnung in einem Außenbezirk Alanyas für 55 000 DM erworben. Sie sind zufrieden mit ihrer Parterrewohnung von 90 qm. Ihre Möbel haben sie aus

Deutschland mitgebracht. Anfänglich hatten sie »die Vorstellung im Kopf, dass alles in der Türkei dreckig ist, dass alle unfreundlich sind und dass alle Frauen Kopftuch tragen«. Dieses Bild habe sich bereits nach dem ersten Urlaub grundlegend revidiert. »Heute leisten wir Missionarsarbeit für die Türkei.« Es gehe Günter angesichts des Klimas nicht nur gesundheitlich besser, auch die ruhige Lebensart in Alanya käme ihm entgegen. Die Türken in Deutschland hätten sich die europäische Lebensart zu Eigen gemacht, sagt Günter. »Stress, Hektik, Raffen, Raffen, Raffen.« Loni bringt es auf den Punkt: »Hier in der Türkei lachen die Türken, in Deutschland sind sie miesepetrig.« Für Günter ist das Wichtigste, dass sie sich akzeptiert fühlen. »Wir fühlen uns nicht als Gast.« Günter zeigt stolz einen achteckigen Spiegel, den ein Tischler nach Maß angefertigt hat. »Ist das nicht unglaublich, wie er das hingekriegt hat. Er versteht kein Deutsch. Ich verstehe kein Türkisch.« Der Einladung ihrer Tochter, Weihnachten in Deutschland zu verbringen, sind sie nicht gefolgt. Heimweh hätten sie nicht verspürt. »Wir haben Heiligabend zu zweit vor dem Fernseher verbracht. Es war sehr schön. Das hätte ich nicht gedacht.«

So wie die deutsche Ökonomie ohne die Immigranten undenkbar ist, so ist auch die städtische Ökonomie Alanyas, wo an den Klingelkästen das Nebeneinander türkischer und deutscher Namen zur Normalität gehört, undenkbar ohne die Deutschen. »Jede Tomate, jede Petersilie, die ein Deutscher auf dem Markt in Alanya kauft, fördert das städtische Wirtschaftsleben«, sagt der Pressesprecher des Bürgermeisters, Nurkan Şaşmaz. Bürgermeister Hasan Sipahioğlu hat in seiner Amtszeit auf die Deutschen gesetzt und deren Ansiedlung von der Stadt fördern lassen. Von der Stadtverwaltung ging die Initiative aus, eine christliche Kirche in der Stadt zu errichten. Zwei Objekte sind bereits auserkoren, und in nicht ferner Zukunft

wird wohl feierlich die erste Kirche eingeweiht werden. Bis die Kirche ihre Arbeit aufnimmt, hat der Bürgermeister der Gemeinde einen Saal im städtischen Kulturzentrum zur Verfügung gestellt. Über 7000 Deutsche sind als Eigentümer im Grundbuchamt eingetragen, und die Zahl der Deutschen mit Langzeitaufenthaltsgenehmigung beträgt 3500. Die wirkliche Zahl der in Alanya lebenden Deutschen dürfte das Mehrfache betragen, weil auch ohne Aufenthaltsgenehmigung durch kurze Meldung bei der Polizei ein Verbleib von sechs Monaten möglich ist. Ein kurzer Aufenthalt im Ausland ermöglicht erneut einen sechsmonatigen Verbleib ohne gesonderte Aufenthaltsgenehmigung. Alanya ist eine Boomstadt, und Bürgermeister Sipahioğlu hat konsequent die Infrastruktur ausgebaut, um das Wirtschaftswachstum zu fördern. Vor acht Jahren wurde die Kläranlage fertig gestellt. Im Gegensatz zu vielen anderen türkischen Städten hat Alanya standardisierte Müllcontainer, Fahrradwege und behindertengerechte Bürgersteige.

So profitiert auch Halil Dakmaz von der Anwesenheit der Deutschen. Halil ist Metzger und verkauft ausschließlich Schweinefleisch. In seinem Geschäft in der städtischen Markthalle, das mit weißen Kacheln ausgelegt ist, hängt ein Poster des Alanya-Museums, ein Atatürk-Porträt und ein lachendes rosa Schwein. Im Jahr 2001 gründete der 58-Jährige, der einst bei Mannesmann gearbeitet hatte, das Geschäft, in dem man sich neben dem Fleisch auch gleich Rezepte für Wildschweinkeule, Wildschweinrücken Masurisch und Wildschwein auf Erdbeersauce mitnehmen kann. Die Wildschweine, von denen er ein paar Tonnen pro Monat verkauft, werden geschossen und finden erst nach strenger veterinärmedizinischer Untersuchung den Weg ins Geschäft. Halil beliefert auch Großabnehmer, wie z.B. Hotels. Freitags, wenn neben der geschlossenen Markthalle die Bauern aus den umliegenden Dörfern draußen

ihre Stände aufbauen, floriert das Geschäft besonders. »Dann ist das Geschäft ein riesiger Deutschen-Treff. Sie kommen und plaudern.« Überhaupt gehört Plaudern mit zum Geschäft. Der deutsche Nachbar von Halil, ein 58-jähriger Lehrer, sei jeden Morgen in den Laden gekommen, um einen Tee zu trinken und eine Zigarette zu rauchen. »Manchmal fühle ich mich wie ein Therapeut«, sagt Halil. »Ich verkaufe nicht nur Schweinefleisch, ich kümmere mich auch um die psychischen Probleme der Kundschaft. Letztens war ein 65-jähriger Deutscher hier, der sich beklagte, dass ihm ein Türke seine Frau ausgespannt hat.« Halil winkt einen alten Mann hinein. »Komm, komm, trink einen Tee.« Der Mann, der nun hereinkommt, ist der 74-jährige Friedrich Schake aus Hannover, der ein Leben lang in Deutschland als Jäger gearbeitet hat. Auch in Alanya hat er früher geschossen. Von ihm erfährt man, dass sich in der Türkei die Einhaltung der Jagdgesetze erheblich verbessert habe.

Neben Geschäften, die sich auf die Bedürfnisse der deutschen Einwohner spezialisiert haben, entstanden auch deutsche Medien in Alanya. Zwei deutschsprachige Zeitungen, den »Alanya Boten« und »prima leben«, gibt es. Der »Alanya Bote« erscheint 14-tägig in einer Auflage von 20 000 Exemplaren: Lokalnachrichten auf Deutsch eingerahmt von unzähligen Inseraten. Hier werben Immobilienfirmen, Firmen für Klimaanlagen und Satellitensysteme, Baufirmen und Supermärkte. Herz und Seele der Zeitung ist der 45-jährige Ahmet Algül. In Deutschland hat er eine Ausbildung im Gaststättengewerbe absolviert. Über 32 Jahre lebte er in Deutschland, bis er sich 1999 entschloss, in die Türkei zurückzukehren. Doch in seiner Geburtsstadt im zentralanatolischen Konya behagte es ihm nicht. »Ich konnte es dort nicht aushalten.« Es zog ihn nach Alanya, dorthin, wo auch die Deutschen sind. Der »Alanya Bote« wurde ein Erfolg. Jüngst hat die Zeitung fünfjähriges Jubiläum gefeiert. Selbst

Kontaktanzeigen finden sich in der Zeitung. »Es besteht immer Bedarf an Zwischenmenschlichem« ist die Rubrik überschrieben, unter der sich beispielhaft folgende Annoncen mit Foto finden: »Yalçın (58), gut aussehender Englisch-Lehrer, der ständig in Alanya lebt, sucht eine Partnerin für Freizeit und mehr. Heirat nicht ausgeschlossen.« Oder Tina, deren Foto offenbart, dass sie ihr Haar blond färbt: »Tina, junge Türkin, sucht den Mann fürs Leben.« Die Kontaktbörse bewähre sich. Der »Alanya Bote« habe ein Dutzend Menschen zusammengebracht, die sogar geheiratet hätten. Wenn so etwas stattfindet, berichtet die Zeitung natürlich darüber.

Altan Pusmaz mit seinem blitzsauber geputzten Taxi ist eine Institution in Alanya, vorwiegend auf Grund der Anwesenheit der Deutschen. Ebenso Turgay, ein Kurde aus Diyarbakır. Während der Erste, der seit 26 Jahren in Alanya Taxi fährt, am Hafen-Idyll der Stadt auf Kunden wartet, hat sich Letzterer auf einer Bank an der Strandpromenade niedergelassen. Über Jahre hat der braun gebrannte junge und attraktive Mann als unqualifizierter Saisonarbeiter im Tourismusgeschäft gearbeitet. Die schlecht bezahlten Jobs waren Mittel zum Zweck, um besser in Kontakt mit älteren Touristinnen zu kommen. Ein paar Brocken Deutsch reichen schon fürs Geschäft. Mit Dutzenden hat Turgay schon Sex gehabt. An einigen habe er mehr, an einigen weniger verdient. »Das erste Mal ist es etwas Besonderes. Du denkst, deine Welt verändert sich. Du schiebst deine Vergangenheit beiseite und springst in die Zukunft.« Doch viele der materiellen Versprechungen – von Auto und Wohnungen sei viel die Rede – erfüllten sich nicht. »Die letzte Frau, Beate heißt sie, erzählt mir, dass sie monatlich 400 Euro dafür ausgibt, um mit mir zu telefonieren. Ständig ruft sie mich an. Die kann doch das Telefonieren auf 200 Euro einschränken und 200 Euro mir geben.« Dass er die seelische Not anderer Menschen aus-

nutze, lässt Turgay nicht gelten. »Sie wissen ganz genau, dass es nicht die große Liebe ist. Sie bilden es sich ein. Und sie kommen immer wieder.« Derweil spart Turgay, um irgendwann mal aus dem Geschäft auszusteigen und sich mit einem kleinen Laden selbstständig zu machen. Dass Hunderte so genannter »Gigolos« ihr Geld mit Touristinnen verdienen, wird mittlerweile auch öffentlich thematisiert. Der lokalen Zeitschrift »Alanya Vizyon« war das Thema eine Titelgeschichte wert. Ein Teil der Alanya-Ökonomie eben, wie der Pressesprecher des Bürgermeisters feststellt. »Auch hier herrschen die Gesetze des Marktes, alles richtet sich nach Angebot und Nachfrage.«

Das Stadtbild Alanyas hat sich durch die deutsche Anwesenheit verändert. Ein Entrinnen vor deutsch-türkischen Flaggen scheint nicht möglich. Seien es die Konsumgewohnheiten der Deutschen, auf die sich manche Geschäfte einstellten, Kneipen und Firmen, die von Deutschen gegründet wurden, oder das kulturelle Leben. So tritt bei einem Konzert im modernen städtischen Kulturzentrum Alanyas eine bayerische Blaskapelle neben einer türkischen Violinistin, die Bachs »Ave Maria« wunderbar spielt, auf. Alanya als sympathisches Chaos von kulturellem Nebeneinander?

Ines und Matthias Goldstein gehören zur Gruppe der Firmengründer. Die beiden sind heute angesehene Geschäftsleute in Alanya, Inhaber der Firma »Garaj und Teknik Center«, einer GmbH, spezialisiert auf automatische Garagentore, Heizungssysteme, Klimaanlagen und Warmwasseraufbereitung. Es war vor neun Jahren, als der Volkswirt Matthias Goldstein innerhalb von drei Tagen eine Entscheidung fällen musste. Eine Kosmetikfirma bot ihm den Posten als Geschäftsführer in Istanbul an. Matthias aus Westfalen und Ines aus Stralsund entschieden sich dafür. Zu Hause war das Staunen groß, für viele war es schlichtweg unvorstellbar, dass sich eine deutsche Familie

in der Türkei niederlässt. »Viele hielten mich für bekloppt«, erzählt Ines. Was folgte, war nicht ein vorübergehender Auslandsaufenthalt, sondern ein radikaler Bruch in der Biographie. »Wir waren beeindruckt von der Metropole Istanbul. Die ersten Tage im Hotel haben wir uns an der Fensterscheibe die Nasen platt gedrückt: die Schiffe, die Lichter der Stadt abends. Es war unfassbar«, sagt Ines. Im deutschen Gymnasium – das nicht nur Türken und Deutsche, sondern Schüler vieler Nationalitäten unterrichtet, ging Sohn Christian zur Schule. Auch als Matthias mit der Arbeit in der Firma aufhört, bleibt die Familie in Istanbul. Ihnen ist klar, dass man sich ohne das Erlernen der Sprache immer im gesellschaftlichen Abseits bewegt. »Es ist das Normalste der Welt. Von den Türken in Deutschland wird auch erwartet, dass sie Deutsch lernen«, sagt Ines. Zwei Jahre lang besuchen Matthias und Ines eifrig Sprachkurse, bis sie sich auf Türkisch einwandfrei verständigen können. Im Jahr 2000 ziehen sie nach Alanya und bauen ihr Haus, das beide als ihr »Traumhaus« bezeichnen. Hoch oben in Richtung Berge gelegen mit wunderbarem Blick auf Alanya – 600 qm Wohnfläche auf einem 1500 qm großen Grundstück, natürlich mit Swimming-Pool.

Seit einem Jahr existiert ihre Firma nun, ein Gegenbeispiel für all die bösen Zungen, die behaupten, eine deutsche Existenzgründung sei in der Türkei nicht möglich. »Wir mussten wie in der Antike Schiffe verbrennen. Viele Deutsche hier haben noch eine deutsche Krankenversicherung oder sprechen die türkische Sprache nicht. Das kommt für uns überhaupt nicht in Frage.« Erst wenn man die Sprache lerne, sich ganz darauf einlasse und die Menschen akzeptiere, könne man mitreden. Der studierte Volkswirt, 51 Jahre alt, genießt die Freiheiten, die Alanya offeriert. »In Deutschland ist heute alles reglementiert. In den sechziger Jahren hat noch jeder angepackt,

und man hat ein Eigenheim gebaut. Heute ist das unmöglich. Hier kann man noch sagen, ich mache etwas, und macht es dann.« Privat war das Ehepaar, das sich einen festen Freundeskreis in Alanya aufgebaut hat und nicht im Geringsten an irgendwelche Rückzugspläne nach Deutschland denkt, zuletzt vor vier Jahren dort. Von den deutschen Vereinen hält sich das Ehepaar fern.»Sie sind das Gegenteil von uns. Sie treffen sich, um zu jammern.«

Bei Iris Seibl waren private Gründe für den Umzug in die Türkei verantwortlich. »Jeder hier hat eine andere Geschichte. Jeder hier hat irgendeine Klatsche. Jeder hat einen anderen Grund, hier zu sein«, sagt Iris aus Aachen. Iris war 18 Jahre alt und Mutter eines dreimonatigen Sohnes, dessen Vater bei einem Verkehrsunfall starb. Als ihre Mutter verreiste, wollte sie, dass Iris mit Sohn bei ihr einzieht und auf die Katzen aufpasst. Iris wollte nicht. Mit 500 Mark in der Tasche nahm sie – das Baby im Arm – die erste abfliegende Maschine. Mitten in der Nacht kam sie am Flughafen Istanbul im Jahr 1981 an. Das Istanbul des Jahres 1981 war eine graue Stadt, in der die Militärs das Land regierten. Abends ab 20 Uhr war Ausgangssperre, und Soldaten patrouillierten durch die Stadt. »Die Leute am Flughafen haben nur mit dem Kopf geschüttelt.« Der Inhaber eines Reisebüros half ihr. Er besorgte ihr ein Hotel im Stadtteil Aksaray. Iris durfte in dem Büro, das die so genannten »Gastarbeiterflüge« verkaufte, anfangen zu arbeiten. Sie ging mit ihrem Sohn zur Arbeit. »Die liebe Teefrau im Büro hat sich zumeist um ihn gekümmert.« Zwei Jahre blieb Iris in Istanbul. Diese Firma war es auch, die ihr später für zwei Jahre in Düsseldorf und für vier Jahre in Ankara eine Arbeit besorgte. Ihr Sohn ging auf die internationale Schule in Ankara. 1989 fiel die Entscheidung für Alanya. Eine kleine Wohnung in Deutschland wurde endgültig aufgegeben. Heute arbeitet die 41-Jähri-

ge für eine norwegische Immobilienfirma in Alanya. Iris Seibl kann problemlos von Deutsch auf Türkisch umschalten. Für sie selbst, wie auch für ihren Sohn, der derzeit das Abitur in Deutschland nachholt, gehören beide Sprachen zur Selbstverständlichkeit. »Ich kann auf Türkisch fluchen. Und zwar verdammt gut«, sagt Iris. Der deutsche Stammtisch, den sie im Café Ali Baba in ihrem Viertel ins Leben gerufen hat, trifft sich jeden Freitag. »Ich habe von Anfang an gesagt, das wird kein Meckertisch. ›Der Handwerker hat mich beschissen. Bei uns in Deutschland ist das anders.‹ Solche Sprüche wollte ich nicht hören. Wir sind hier nicht in Deutschland. Wir sind in der Türkei.« Von dem touristischen Trubel im Sommer im Zentrum halte sie sich fern. Wenn Freundinnen aus Deutschland zu Besuch seien, falle ihr auf, dass ihre Freundinnen im Zentrum angeschaut werden, sie selbst aber keine Blicke auf sich ziehe. »Ich glaube, es ist eine andere Form des Gehens, eine andere Form des Blickens, was den Unterschied ausmacht.« Für die Touristinnen, die sich von »Gigolos« umgarnen lassen, hat sie kein Verständnis. »Wenn die 40 Jahre älter sind, ist es doch klar, dass es nicht die große Liebe ist. Aber jede denkt, bei ihr sei es etwas anderes, etwas Besonderes. Da muss ich die türkischen Männer in Schutz nehmen. Sie kommen aus dem armen Osten. Und für viele ist ein Verhältnis, eine Heirat, ein Sprung in eine andere Welt.«

Alanya ist zur Heimat von Iris geworden. Das letzte Mal war sie vor fünf Jahren in Deutschland. Immer wieder spricht Iris von der Unfreundlichkeit dort. Deutschland sei ihr fremd geworden. »Ich komme mit dem Leben in Deutschland nicht mehr zurecht. Verboten, verboten. Rasen betreten verboten. Grillen verboten. Die Teenies mit 13, 14 Jahren sind im Stress mit vollem Terminkalender. Schule, Training usw. Und das Familienleben ist Stress. Die Leute essen alleine das Zeug, was aus

der Mikrowelle kommt.« Iris hat sich ihre Welt eingerichtet. Auch die Großeltern leben mittlerweile weitgehend in Alanya. Manchmal denke sie nach, ob sich alles hätte anders entwickeln können. Wenn sie damals statt des Fluges nach Istanbul nach Holland oder Belgien gegangen wäre. Sie erinnert sich an eine zweijährige Partnerschaft mit einem Türken – sie war 23 Jahre alt. »Er hat mich nicht geheiratet, weil ich ein Kind hatte. Das war der Grund, warum er eine andere geheiratet hat. Ich glaube, in Holland oder Belgien hätte es anders laufen können.« Doch Iris bereut keine Entscheidung. »Man muss das Leben nehmen, wie es kommt.« Sie hat es in Alanya genommen. In ihrer Wohnung mit der blinden Katze Benny, der Perserkatze Lilly und dem Hund Rex, der, von Tierquälern mit einer Eisenstange verprügelt, blutend vor ihrer Tür winselte. Seit sechs Jahren hat er bei Iris eine Bleibe gefunden. Ob sich Hund und Katzen verstehen? »Rex liebt alle Katzen.«

Im »Alanya Boten« war kürzlich die Annonce zu lesen: »Neueröffnung: Bei Jürgen. Restaurant Cocktail & Café-Bar.« Jürgen und Süreyya Meissner aus Hamburg zogen für immer nach Alanya. Das Ehepaar entschloss sich, eine Gaststätte zu eröffnen. Jürgen und Süreyya wollen u.a. Tanz, Skat, Canasta-Abende veranstalten. In einem Außenbezirk Alanyas, in Tosmor, hat Jürgen die Gaststätte für vier Jahre gepachtet. Der 42-jährige Hamburger, der 21 Jahre lang für Hanse Rollo in Hamburg gearbeitet hatte, gehört auch zu jenen, die den Umzug nach Alanya nicht bereuen. Am dritten Tag nach der Eröffnung der Kneipe ist er frohen Mutes. Es war die ehemalige Arbeitskollegin Süreyya, die er 1987 kennen lernte und 1996 heiratete, die sein Leben maßgeblich verändert hat. Er ließ sich vor vier Jahren beschneiden und konvertierte zum Islam. Er nahm den Namen Yasin an. »Ich habe es für meine Frau getan. Heute bin ich der Lieblingsschwiegersohn. Mein Schwiegervater hat

mir den Koran auf Deutsch geschenkt. Den muss man gelesen haben.«

»Mir kamen Freudentränen, als Jürgen ganz von sich aus sagte, dass er sich beschneiden lässt«, erzählt Süreyya. Als Kind tiefreligiöser Eltern wurde sie in der Türkei mit 16 verheiratet. Mit 17 brachte sie ein Mädchen zur Welt. Mit 18 war sie geschieden und zog zu den Eltern nach Hamburg. Mit deutschen Männern wollte sie eigentlich nie etwas zu tun haben, erzählt die heute 41-Jährige. Weil sie Jürgen heiratete, wurde sie vom Vater verstoßen. Erst sechs Jahre später, als ihre Mutter, zu Besuch in Istanbul, einen Schlaganfall erlitt, sah sie ihren Vater wieder. »Jürgen hatte Angst, dass Vater mir etwas tut. Aber er hat mich umarmt. Ich sagte zu Jürgen, ich müsse zu Mama, sie pflegen. Er sagte: ›Wir gehen beide in die Türkei. Dann kannst du sie pflegen.‹« Die beiden hoffen, dass die Kneipe läuft. »Wir haben uns für Alanya entschieden«, sagt Süreyya, »damit Jürgen nicht so alleine ist. Hier sind viele Deutsche. Und mein Vater hat uns hier eine Wohnung geschenkt. Er hat Jürgen sehr lieb.«

Am Rande der Umgehungsstraße liegt der große städtische Friedhof. Wie in der ganzen Türkei ist der Friedhof voller Zypressenbäume. Hohe Neubauten entlang der Straße versperren die Aussicht zum Meer, doch der Blick auf die hoch gelegene Burg – das Wahrzeichen von Alanya – ist ungetrübt. Ein christlicher Friedhof schließt sich dem muslimischen Friedhof an. Die Kinder Monika, Gabriele und Stephan haben zum Andenken an Maria Günes Kölbl einen Brunnen gestiftet. Marianne Kusch aus Recklinghausen, die ihre letzten zehn Jahre in Alanya verbrachte, wurde jüngst hier begraben. Ein Pfarrer und der islamische Mufti sprachen bei ihrer Beerdigung Gebete. Ein christlicher Friedhof mit lauter deutschen Namen. Auf vielen Grabsteinen ist zu lesen: »Für immer in Alanya«.

Gegen Feindbilder

Ercan, der kritische Sozialarbeiter

45 Jahre

Den ersten Deutschen sah ich im Winter 1982 am Flughafen Berlin-Schönefeld, einen DDR-Volkspolizisten. Um der politischen Verfolgung in der Türkei zu entgehen, war ich 1980, nach dem Militärputsch, über Syrien in den Libanon geflohen. In Beirut herrschte Bürgerkrieg, und wir waren als Flüchtlinge dem Druck des syrischen Geheimdienstes ausgesetzt. Es wurde unerträglich, so dass ich die Chance auf Asyl in Deutschland nutzte. Das einzige deutsche Wort, das ich kannte, war »Friedrichstraße«. Ich wusste, dass man versuchen muss, nach Westberlin zu gelangen. In Sommerhemd und Sportschuhen stieg ich aus dem Flugzeug. Der Volkspolizist im Pelzmantel, der mich stoppte, sprach ausschließlich Deutsch. Eine Verständigung war nicht möglich. Das Warten vor dem Flugzeug wollte nicht enden. Dem Volkspolizisten ging es gut in seinem dicken Mantel. Meine Zähne klapperten die ganze Zeit.

Im Asylwohnheim verbrachte ich nur eine Nacht. Es waren viele aus dem Iran, dem Libanon, Palästina dort. Viele der Araber und der Iraner waren strenggläubig. Mir gegenüber herrschte großes Misstrauen, weil ich auf Grund meiner politischen Orientierung – in der Türkei gehörte ich einer linken Gruppierung an – nicht zu ihnen passte. Ich hatte Glück. Bei einer deutsch-türkischen Familie erhielt ich Unterschlupf. Deutschland war für mich neu. Ich versuchte, die Verhältnisse

zu verstehen, ich musste die Sprache lernen, ich suchte Kontakt zu Menschen, mit denen ich gemeinsam politisch aktiv werden konnte. In Kreuzberg – dort wohnte ich auch – existierten zum damaligen Zeitpunkt unzählige linke politische Vereine von Türken.

Drei Monate nach meiner Ankunft lernte ich deutsche Hausbesetzer kennen. Der Geruch verfaulten Obstes hing in der Luft. Alles war dreckig. Es gab kein einziges sauberes Glas. Ungewaschenes Geschirr stapelte sich in der Küche. Bettbezüge, Unterwäsche – alles in den Räumen des besetzten Hauses war durcheinander. Ein Mann, der offensichtlich in der so genannten autonomen Szene eine Führungsperson, ein Held war, wollte mit mir politisch diskutieren und lud mich in das besetzte Haus, in dem er wohnte, ein. Ich sollte morgens dort sein. Mit einer jungen Türkin, die dolmetschte, machte ich mich auf den Weg. Es war früh am Morgen, ich hatte weder Kaffee getrunken noch gefrühstückt. Er schwang, eine Kaffeetasse in der Hand haltend, politische Reden. Die ganze Zeit über hatte ich nur Kaffee im Kopf und wartete auf den Moment, in dem auch wir welchen bekämen. Wenn er ausgetrunken hat, wird er auch uns fragen, dachte ich. Doch er schenkte sich nur selbst neuen Kaffee ein, rülpste ungeniert und redete weiter. Er will die Welt retten, aber er kann sich noch nicht mal als Mensch benehmen, schoss es mir durch den Kopf. Als ich sein Verhalten kritisierte, ihn auf diese Situation ansprach, verstand er mich nicht. Die Übersetzerin sagte zu mir: »Rege dich nicht auf. Die Deutschen sind so.« Wie oft habe ich diesen Satz schon gehört. Was heißt das: die Deutschen? Ich war doch bei ihm als Freund mit einem gemeinsamen Ziel, dem Ziel, die Welt zu verändern. Unzählige andere Male musste ich mich darüber wundern, wie wenig Rücksicht die Menschen hier aufeinander nehmen.

Nach rund einem Jahr in Berlin lernte ich meine spätere Frau kennen. Sie sprach Türkisch und ging in dieser Szene ein und aus. Der Beginn unserer Freundschaft war die endgültige Enttäuschung über diese so genannte linke, autonome Szene. Seit meine Freundin und ich zusammen waren, wurde ich einfach nicht mehr gegrüßt. Für diese Szene war es das erste Mal, dass ein Türke mit einer Deutschen zusammen war. Die Folgen bekamen wir zu spüren. Wie oft musste sich meine Freundin anhören: »Der ist Türke. Der wird dich verprügeln.« Sowohl sie als auch ich wurden ab sofort ausgegrenzt. Sie musste ungeheuer viel einstecken, verteidigte mich jedoch stets. All ihre einstigen Freunde lösten sich plötzlich in Luft auf. Ich begriff, dass ich nicht als Person, sondern als Türke wahrgenommen wurde. Letztlich wandten wir uns von dieser Szene ab. Wir hatten uns in den Kopf gesetzt, zu heiraten. Doch ich wollte nicht heiraten, bevor ich nicht als Flüchtling anerkannt war und einen gesicherten Aufenthaltsstatus hatte. Denn wenn der Aufenthalt durch eine Heirat gesichert wird, belastet das unnötigerweise eine Beziehung. 1984 wurde ich als Flüchtling anerkannt. Der Heirat stand nichts mehr im Wege.

Als die Eltern von unseren Absichten erfuhren, kamen sie in Windeseile aus Hessen angereist und blieben über das Wochenende in Berlin. Ich erinnere mich an den eiskalten Blick der Mutter, die von oben herab »Ist er das?« fragte. Tochter und Eltern machten einen Spaziergang. Als meine Freundin zurückkam, war ihr zum Heulen zumute. Sie schämte sich wegen ihrer Eltern. Sie hatte sich anhören müssen, dass sie einen Hilfsarbeiter heiraten könne, aber keinen Türken. Was mich verwundert hat, war, dass die Eltern keine einzige Frage zu meiner Person gestellt haben. Eltern und Tochter stritten sich, ich verstand kein Wort, und je mehr sie sich stritten, desto mehr umarmte und küsste mich meine spätere Frau, um

die Eltern zu provozieren. Irgendwann waren die Eltern dann plötzlich ganz freundlich zu mir. Ich fragte meine Freundin, was passiert sei. Sie sagte, ihre Eltern seien gezwungen, mich zu akzeptieren. Sie hätten begriffen, dass sie ansonsten ihre Tochter verlieren. Sie werde heiraten, sie werde ein Kind bekommen und Medizin studieren. All dies ist dann auch eingetreten. Monate später, die Eltern hatten sich mit dem Gedanken an unsere Heirat arrangiert, besuchten wir sie in Hessen. Am freundlichsten waren die Oma und der Opa meiner Frau. Bei der Verwandtschaft mittleren Alters bekam man dagegen den Eindruck, sie kämen, um wie im Zoo ein sonderbares Tier anzuschauen.

1984 bin ich für sechs Monate auf eine Sprachschule gegangen. Unter anderem wurden Weihnachtslieder auswendig gelernt. Das Lied »Oh Tannenbaum« kann ich immer noch. Der Kurs verstand sich gleichzeitig als so genannter Integrationskurs, in dem die Lehrerin über deutsche Kultur und deutsche Geschichte erzählte. Über den 17. Juni wurde geredet, über das Dritte Reich nicht. Die Lehrerin schämte sich, darüber zu reden. Ich habe dieses Schuldgefühl nicht verstanden. Sie war doch keine KZ-Wärterin. »Du bist doch nicht schuld daran«, habe ich einmal zu ihr gesagt. Deutsche Küche war auch Thema. Die Lehrerin war fassungslos, als ich erklärte, dass ich in Deutschland schon Eisbein gegessen hatte. Ob ich denn kein Muslim sei, fragte sie. Daraufhin musste ich erklären und erklären. Angefangen beim geschichtlichen Kontext des Schweinefleischverbotes im Koran bis zu Erzählungen von ländlichen Regionen in der Türkei, in denen heute Wildschweine nicht nur geschossen, sondern auch gegessen werden. Und beim Thema Nikolaus stiftete ich Verwirrung, als ich sagte, er stamme aus Anatolien und sei vielleicht nicht Schlitten gefahren, sondern auf einem Esel geritten.

Die Ausländerbehörde war in den ersten Jahren meines Aufenthaltes Teil meines Lebens. Ich weiß nicht, wie oft ich dort war. Vielleicht zwanzig, vielleicht dreißig Mal. Zuerst vergaben sie Aufenthaltsgenehmigungen für 15 Tage. Man musste sich um fünf Uhr morgens in die Schlange stellen, nach Dienstbeginn zog man eine Nummer, gegen 10 oder 11 Uhr stellte man seinen Antrag, und wenn alles gut lief, wurde am Nachmittag der Aufenthalt wieder um 15 Tage verlängert. Für mich hatte die Warterei System. Ich denke, sie wollten einem zeigen, dass man gänzlich ausgeliefert ist. Man spürte den Rassismus auf der Behörde überall. Ich empfand es als ein System, das konzipiert worden war, um einen aggressiv zu machen. Die Beamten wollten einem sagen: »Hau doch ab aus Deutschland.« Ich glaube, es hat sich kaum etwas geändert. Die Ausländerbehörde zermürbt die Menschen heute wie vor 20 Jahren.

1986 fing ich an, bei Siemens zu arbeiten. Schnell stieg ich zum Einrichter und dann zum Leiter der Werkstatt auf, in der 150 Beschäftigte waren. Unsere Tochter wurde geboren. Wir lebten in Kreuzberg. Der Fall der Mauer hat vieles in Bewegung gebracht. Überall deutsche Fahnen, der Ausdruck »Scheißkanaken« war zur Alltagssprache geworden. Der Alltagsrassismus hatte merklich zugenommen. Es folgten Anschläge und Brandstiftungen. Die Zeit von Hoyerswerda, Mölln, Solingen. Es entstand leicht der Eindruck, sie haben sich vereinigt, wir sind die »Gastarbeiter«, sie haben uns nicht mehr nötig, also wollen sie uns rausschmeißen. Die Bänke in der Umgebung unserer Wohnung waren mit Parolen wie »Ausländer raus« beschmiert. Nach Arbeitsschluss oder am Wochenende machte ich mich mit Farbe und Pinsel auf den Weg, um die Parolen zu übermalen. Ein Nachbar, dessen Enkel in Neonazi-Kreisen aktiv waren, drehte die Lautsprecher voll auf, um deutsche Märsche zu spielen.

Als wir 1990 die Eltern meiner Frau besuchten, fanden wir bei der Rückkehr nach Berlin unsere ganze Wohnung abgebrannt vor. Die Täter hatten brennbares Material durch den Briefschlitz gesteckt und es angezündet: Teppiche, Bücher, Fernseher, Waschmaschine – alles war abgebrannt. Das Einzige, das wir retten konnten, war die Doktorarbeit meiner Frau auf der Festplatte. Auf der Häuserfront, auf die unsere Wohnung blickte, stand riesengroß – vielleicht zwei Meter hoch – »Ausländer raus«. Polizisten kamen und fragten mich aus. In ihren Augen war die Brandstiftung ein innertürkisches Problem. Wahrscheinlich hatten sie in meinen Asylakten gelesen, dass ein Jahrzehnt zuvor türkische Faschisten meinen Laden angesteckt hatten. Nach rassistischen Motiven zu suchen, lag ihnen fern. Sechs Monate später habe ich ein Schreiben gekriegt, dass die Ermittlungen eingestellt seien. Doch es gab auch Lichtblicke nach dem Brandanschlag. Ein deutscher Arbeitskollege, ein Ingenieur in meiner Firma, hatte 15 000 DM in bar abgehoben, nachdem er von der Sache gehört hatte, und bot mir das Geld als Kredit an. Ich war gerührt, auch wenn ich abgelehnt habe.

Ich bekam es mit der Angst zu tun. Meine Tochter war drei Jahre alt. Man überlegt sich ganz genau, welche Wohnung man mieten soll. Wir entschlossen uns, in einen Teil von Kreuzberg zu ziehen, in dem viele Türken lebten. Aus Sicherheitsgründen. Das Kinderzimmer war von der Wohnungstür am weitesten entfernt. Von der Wohnung hatte man Zugang zum Dach, ein Fluchtweg. Meine Frau und ich ließen uns scheiden, als unsere Tochter acht Jahre alt war. Ich gab dann auch die Einwilligung, dass meine Tochter den Namen ihrer Mutter führt. Warum soll ein Kind wegen eines »blöden« Nachnamens mit Alltagsrassismus konfrontiert werden? Heute sagt meine 16-jährige Tochter, sie möchte meinen Nachnamen wieder tragen, wenn sie 18

ist. Vieles von dem, was ihre Mutter durchgemacht hat, kennt sie nicht. Sie versteht nicht, was es heißt, mit einem »Kameltreiber« oder einem »Teppichhändler« verheiratet zu sein.

Während der Welle rassistischer Gewalt Anfang der neunziger Jahre habe ich den Lockvogel in S-Bahn-Linien, auf denen es immer wieder zu rassistischen Überfällen gekommen war, gespielt. Rund sechs Deutsche haben mich geschützt. Ich bin ein halbes Dutzend Mal gefahren, und es kam kein einziges Mal vor, dass nichts vorgefallen ist. Von Anpöbeleien bis zum Zücken von Baseballschlägern. Was mich erschüttert hat, war, dass fast nie einer der anwesenden Fahrgäste interveniert hat. Einer meiner Bekannten ist Besitzer einer Dönerbude in Reinsberg, einer brandenburgischen Kleinstadt mit 1500 Einwohnern. Innerhalb von zwei Jahren wurde sein Laden drei Mal angezündet und vier Mal ausgeraubt. Solche Vorkommnisse sind den Zeitungen mittlerweile kaum mehr einen kleinen Artikel wert. Dort in Reinsberg gibt es einen wunderschönen Wald, aber mein Bekannter kann nicht in diesem Wald spazieren gehen. Er hat keinen einzigen Freund. Wie lange kann ein Mensch in solchen Verhältnissen durchhalten?

1997 habe ich bei Siemens gekündigt. Seit dieser Zeit arbeitete ich in verschiedenen Projekten als Sozialarbeiter und bin viel mit Kindern zusammen. An vielen Grundschulen habe ich beobachtet, dass es zwischen Lehrern und Schülern überhaupt kein Verhältnis gibt. Sieben-, achtjährige Kinder unterhalten sich auf Türkisch, woraufhin die Lehrerin schreit: »Wir sind in einer deutschen Schule. Hier wird Deutsch geredet.« Die türkischen Schüler wiederum widersprechen ihr frech auf Türkisch. Diese Lehrerin war völlig überfordert, unternahm aber auch nicht die geringste Anstrengung, mit den Schülern ins Gespräch zu kommen. Ich riet ihr, zumindest einige türkische Schimpfworte zu lernen. Doch sie winkte ab. Ein anderes Mal

saß ich in einer vierten Klasse neben einem türkischen Jungen. Er sei ein Problemkind, mit Sprachdefiziten und nicht kommunikationsfähig: ein Fall für die Sonderschule also, informierte mich die Lehrerin. Ich saß fast zwei Wochen neben dem Schüler und merkte, dass er die Aufgaben der Lehrerin schnell und richtig löste, danach aber sofort das Heft zuklappte. Wir redeten zuerst Türkisch miteinander. Als er dann auch bereit war, mit mir Deutsch zu sprechen, merkte ich, dass sein Deutsch gut war. »Warum teilst du dich deiner Lehrerin nicht mit?«, fragte ich. Er antwortete: »Würdest du versuchen, mit jemandem zu sprechen, der dich für verrückt hält?« Er wechselte die Klasse. Heute geht er auf ein Gymnasium.

Ich bin nicht optimistisch, was die Zukunft angeht. Wenn man immer wieder hört, »Das Boot ist voll«, oder wenn die Deutschen vier Jahre benötigen, um ein Zuwanderungsgesetz zu verabschieden, dessen Hauptanliegen die Begrenzung von Zuwanderung ist, dann spürt und weiß man, dass man nicht dazugehört. Jahrzehnte hieß es Gastarbeiter, ausländische Mitbürger. Ich habe hier gelernt, dass man nicht in diese Gesellschaft gehört, wenn kein deutsches Blut in den Adern fließt. Als ich in den USA war, haben mich Menschen gefragt: »Bist du neu hier?« In Deutschland ist die erste Frage: »Woher kommst du?« Die Immigranten werden nicht als Gesprächspartner wahrgenommen, sondern bestenfalls als Opfer. Es ist nicht so, dass Einigkeit und Frieden in der Mehrheitsgesellschaft herrschen. Es gibt soziale Konflikte und Verteilungskämpfe. Die Einigkeit wird leichter hergestellt, wenn man ein Feindbild hat. Dieses Feindbild, zum Beispiel die Türken, sind dann Zielscheibe von Rassismus und Diskriminierung. Wie reagieren die türkischen Immigranten? Sie wiederum brauchen ebenfalls ein Feindbild. Je schärfer die sozialen Abgründe, desto schärfer die Abgrenzung. Selbst in Berlin-Kreuzberg, einem ethnisch-kulturell ge-

mischten Stadtteil, sehe ich, dass Deutsche, Türken, Araber in parallelen Gesellschaften leben und kaum Kontakt zueinander haben.

Ich war über 20 Jahre lang in Berlin, als politischer Flüchtling, als »Gastarbeiter«, und immer als Türke. Es hat mich 20 Jahre gekostet, eine Hand voll Freunde zu gewinnen, die mich nicht als Türken, sondern als Ercan begreifen. Es ist eine kleine Insel des Glücks.

Türken in Deutschland

■■■ 1961 schloss die Bundesrepublik Deutschland mit der Türkei einen Vertrag über die Anwerbung türkischer Arbeitskräfte in Deutschland ■■■ Ein Jahr nach dem Anwerbestopp, 1973, hatte die Zahl der in Deutschland lebenden türkischen Staatsangehörigen die Ein-Millionen-Grenze überschritten ■■■ Trotz Anwerbestopps ist die Zahl türkischer Migranten auf Grund von Familienzusammenführung und hoher Geburtenraten stetig gestiegen ■■■ Inzwischen wächst die dritte und vierte Generation der Nachkommen türkischer Einwanderer heran ■■■ In Deutschland leben mehr als 2,5 Millionen Bürger türkischer Herkunft, davon ca. 500000 kurdischer Herkunft (2001) ■■■ Bis 2004 haben etwa 750000 türkischstämmige Bürger die deutsche Staatsangehörigkeit erworben ■■■ Das neue Staatsbürgerschaftsrecht aus dem Jahr 2000 erleichtert die Einbürgerung ■■■ In Deutschland geborene Kinder erhalten die deutsche Staatsbürgerschaft automatisch, wenn ein Elternteil sich bei der Geburt mindestens acht Jahre lang dauerhaft und rechtmäßig in Deutschland aufhält und seit mindestens drei Jahren eine unbefristete Aufenthaltsgenehmigung hat; mit spätestens 23 Jahren müssen die Kinder sich für eine der Staatsbürgerschaften entscheiden ■■■ Für in Deutschland lebende türkische Staatsangehörige gilt das Ausländerrecht ■■■ Nach deutschen ausländerrechtlichen Vorschriften bedürfen Ausländer, die eine Erwerbstätigkeit im Bundesgebiet ausüben wollen, eines Visums bzw. einer Aufenthaltsgenehmigung sowie einer Arbeitserlaubnis ■■■ Unter bestimmten Voraussetzungen haben Ausländer nach acht Jahren rechtmäßigen Aufenthalts in Deutschland einen Einbürgerungsanspruch; der Nachweis ausreichender deutscher Sprachkenntnisse, Verfassungstreue und finanzieller Unabhängigkeit sind u. a. erforderlich ■■■ Türkischstämmige in Deutschland sind in allen gesellschaftlichen Lebensbereichen und in der Politik

vertreten ■■■ Nach wie vor begegnen Ausländer Diskriminierung und Ausgrenzung und sind Opfer ausländerfeindlicher Über-
griffe ■■■ 2002 beschäftigten knapp 56 800 türkischstämmige
Selbstständige ca. 290 000 Angestellte und erwirtschafteten einen
Jahresumsatz von 26 Mrd. Euro ■■■ 1995 wurde die »Türkische
Gemeinde in Deutschland e. V.« zur Wahrnehmung der Belange und
Interessen der Deutschlandtürken gegründet; sie ist eine bundes-
weite Dachorganisation ■■■ Es gibt zahlreiche türkische Freizeit-
vereine, insbesondere Sportvereine ■■■ Ca. 58 % der türkischstämmigen Bevölkerung lesen nur türkischsprachige Zeitungen;
ca. 40 % zusätzlich deutsche (2002) ■■■ 94 % der türkischstämmigen Bevölkerung sehen türkisches Fernsehen (über Satellitenschüs-
seln), und 46 % hören türkische Radioprogramme (2002); 92 % sehen zusätzlich deutsches Fernsehen; 42 % hören zusätzlich deutsche
Radioprogramme (2002) **(bk)**

Deutsche in der Türkei

■■■ Zwischen 1933 und 1945 hat die Türkei viele deutsche
ethnisch und politisch verfolgte Flüchtlinge aufgenommen;
viele von ihnen waren maßgeblich am Aufbau türkischer Universitäten beteiligt ■■■ Schätzungsweise 140 000 EU-Bür-
ger leben in der Türkei, mehr als die Hälfte sind deutscher
Herkunft (2002) ■■■ Seit Anfang der neunziger Jahre
steigt die Zahl Deutscher, die sich v. a. in den Küstenregio-
nen zur Ruhe setzen ■■■ Eine unbeschränkte Aufenthalts-
erlaubnis für Ausländer nichttürkischer Abstammung existiert nicht ■■■ Eine Aufenthaltsgenehmigung wird unter
bestimmten Voraussetzungen für maximal fünf Jahre aus-
gestellt ■■■ Im März 2003 trat das »Gesetz über die Arbeitserlaubnis für Ausländer« in Kraft ■■■ Davor war der
Zugang zum Arbeitsmarkt für Ausländer sehr eingeschränkt;
Berufe wie Frisör, Taxifahrer, Apotheker, Pilot, Touristenfüh-

rer etc. waren durch das Gesetz »Für türkische Staatsangehörige vorbehaltene Tätigkeiten und Berufe« aus dem Jahr 1932 für Ausländer grundsätzlich nicht zugänglich ■■■ Seit In-Kraft-Treten des neuen Gesetzes wird zunächst eine auf ein Jahr beschränkte Arbeitserlaubnis erteilt, die an einen bestimmten Beruf und Arbeitgeber gebunden ist; Verlängerung für weitere drei Jahre möglich ■■■ Danach ist eine Verlängerung auf sechs Jahre denkbar und die Erlaubnis nur noch an den ausgeübten Beruf, aber nicht mehr an einen bestimmten Arbeitgeber gebunden ■■■ Eine unbeschränkte Arbeitserlaubnis – weder an bestimmten Beruf noch an Arbeitgeber gebunden – kann grundsätzlich nach legalem, ununterbrochenem Mindestaufenthalt von acht Jahren oder nach sechsjährigem legalem Arbeitsverhältnis erteilt werden; abweichende Regelung für Freiberufler und Firmengründer ■■■ »Die Brücke e. V.« (www.brueckeistanbul.org) ist Dachorganisation Deutschsprachiger in der Türkei; ihr sind regionale Vereine angeschlossen ■■■ In der Türkei gibt es wenige deutschsprachige Zeitungen und Gemeindeblätter, z. B. »Türkische Allgemeine«, »Alanya Bote«, »Istanbul Post« und »Sankt Georgsblatt« ■■■ Die türkische staatliche Fernseh- und Rundfunkanstalt TRT sendet täglich Programme in deutscher Sprache, die Deutsche Welle mehrmals in der Woche ■■■ Es existieren einige private deutsche Radiosender **(bk)**

anders sein anders sein

anders sein anders sein anders sein anders sein anders sein
ders sein **anders sein** anders sein anders sein
in anders sein anders sein anders sein anders sein ander
ers sein anders sein anders sein **anders sein** ander
in anders sein anders sein anders sein anders sein ander

behindert sein
anders sein anders sein ander

ein anders sein anders sein anders sein anders sein ander
anders sein anders sein **anders sein** ander
ders sein anders sein anders sein anders sein anders sei
rs sein anders sein anders sein anders sein ander
nders sein anders sein anders sein anders sein anders sei
nders sein **anders sein** anders sein anders sein ander

Fachhochschule Landshut

- BIBLIOTHEK -

Als Schwiegertochter nicht geeignet

Nazmiye, die konflikterprobte Behinderte

44 Jahre

Als ich 18 Monate alt war, bin ich an Kinderlähmung erkrankt. Daher kommt meine Behinderung. Mein rechtes Bein ist sechs Zentimeter zu kurz. Ich humpele, bin immer in Bewegung, da ich nicht ruhig sitzen kann. Meine Wirbelsäule ist gekrümmt, was zu schweren Schmerzen geführt hat. Zum Gehen benutze ich einen Hilfsapparat, den ich zu Hause allerdings nicht trage. Ich ziehe ihn nur dann aufs Bein, wenn ich auf die Straße gehe. Eigentlich kann ich alles unternehmen: Ich kann auf Bäume klettern, schwimmen und tauchen. Das einzige Problem ist, dass ich humpele und nicht rennen kann. Ich bin jetzt 44 Jahre alt. Doch was Behinderung alles bedeutet, habe ich erst die letzten zehn Jahre begriffen. Meine Erfahrungen und Erlebnisse fügen sich für mich erst seit kurzer Zeit zu einem Ganzen. Wenn ich heute darüber nachdenke, werde ich wütend. Ich drehe durch.

An meine Kindheit zurückdenkend, fallen mir zuerst meine Mutter und meine 18 Monate jüngere Schwester ein. Ging meine Mutter mit meiner Schwester aus, musste ich zu Hause bleiben. Normal dürfen ja immer die älteren Schwestern mit. Bei uns war es umgekehrt. Zum Markt, zum Einkaufen ging meine Schwester mit. Ich hockte allein zu Hause. Das war ungerecht. An die Grundschule in Zeytinburnu – dort wohnten

wir auch – habe ich schreckliche Erinnerungen. Es fällt vielen heute schwer, mir die unfassbaren Erlebnisse zu glauben. Der Schulweg z. B. mag 500 Meter betragen haben. Fast jeden Tag wurde ich von anderen Kindern mit Steinen beworfen. Sie stießen mich zu Boden und prügelten auf mich ein. Wegrennen konnte ich ja nicht. Ich war ihnen ausgeliefert. Manchmal intervenierte ein Erwachsener. Aber dann war es meistens zu spät. Fünf Jahre lang habe ich diese Hölle ertragen. Schlimm war, dass ich diese fünf Jahre über auch zu Hause von meiner Mutter Prügel bezog. Immer, wenn ich auf die Straße fiel, weil die Kinder auf mich einprügelten, wurden meine Kleider dreckig. Zu Hause wurde ich von meiner Mutter dafür bestraft, dass meine Kleider dreckig waren. Meine Eltern waren ungebildete, arme Leute. Meine Mutter war von der dritten Grundschulklasse abgegangen, mein Vater nie zur Schule gewesen. Er hat Lesen und Schreiben erst bei seinem Militärdienst gelernt. Vielleicht fühlten sie sich überfordert, irgendwie hilflos.

Mit Mutter konnte ich nicht reden. Mit meinem Sohn ist es heute zum Glück anders. Er erzählt mir und seinem Vater von seinen Problemen. Ich hatte meiner Mutter damals nichts zu sagen. Kein einziges Mal habe ich zu ihr gesagt: »Sie haben Steine auf mich geworfen und mich verprügelt.« Demütigungen von Erwachsenen fand ich noch viel schlimmer. Einmal kamen mir auf dem Nachhauseweg – ich war in der zweiten Klasse – eine Frau und ihre Tochter entgegen. Das Mädchen, das in meinem Alter war, fragte: »Was ist mit der passiert?« Die Mutter antwortete: »Sie war böse zu ihrer Mutter, und da hat Gott ihre Beine so zugerichtet.« Ich war wütend auf diese Frau. Doch schon damals habe ich mich nicht schuldig gefühlt. Die Vorstellung, dass wir Behinderte schuldig und von Gott bestraft worden seien, ist auch heute in der Gesellschaft verbreitet. Das habe ich damals schon nicht akzeptiert. Ich war

unschuldig, ich war nicht – von wem auch immer – bestraft worden. Kann ich denn etwas für mein Hinken?

Mit Steinen und Prügeln war es vorbei, als ich auf die Mittelschule kam. Es war ein anderer Schulweg. Doch sowohl in der Grundschule als auch auf der Mittelschule gab es grausame Lehrer. Ich habe diesen Apparat am rechten Bein, und ich habe zwei verschiedene Schuhgrößen. Die linken Schuhe, mein gesundes Bein, halten nicht lange. Dann ragt die Zehe heraus. Meine Eltern waren arm. Schuhe konnten sie sich nicht ständig leisten. Ich war eine gute Schülerin, war fleißig, hatte gute Noten. Wenn der Lehrer etwas fragte, meldete ich mich sofort und musste zur Tafel. Einmal hat der Lehrer gefragt: »Schämst du dich nicht, mit diesem durchlöcherten Schuh aufzustehen?« Das ist grausam. Man ist fleißig. Man ist die Einzige, die auf die Frage des Lehrers in der Klasse eine Antwort weiß, und was tut der Lehrer? Er macht einen fertig. Ich glaube, man muss es folgendermaßen interpretieren: »Du bist ein Krüppel, du hast in unseren Reihen nichts zu suchen. Was fällt dir ein, dich zu melden?« In der Grundschule mussten sich die Schüler vor Unterrichtsbeginn aufstellen und die Nationalhymne singen. Ich wollte um jeden Preis dabei sein. Doch ich war die Einzige, die nicht durfte.

Es wurde besser auf dem Lyzeum. Doch von einem glücklichen Schulleben kann auch hier nicht die Rede sein. Ich hatte Feinde, doch ich schloss auch Freundschaften. Mit den Freunden stritt ich oft darüber, bei welchen Unternehmungen ich mitmachen könne und bei welchen nicht. Ein Streitpunkt war Volleyball. »Du kannst das nicht. Lass es sein«, sagten sie. Doch Volleyball kann ich spielen. Es hat großer Kämpfe bedurft, bis sie mich mitspielen ließen. Der stete Kampf um Teilhabe, um Rechte zieht sich durch mein ganzes Leben. Kämpfen und kämpfen. Auch heute noch. Schon bei meiner Mutter fing es

an. »Du kommst nicht mit. Für dich ist es zu anstrengend.« Bei meinen Freunden das Gleiche. Jüngst haben sie mir erzählt, dass sie sich getroffen hätten, irgendwo in einem dritten Stock. Sie hätten mich nicht angerufen, weil es zu anstrengend für mich sei. Vielleicht will ich mich ja anstrengen. Ich bin 44 Jahre alt. Lasst mich doch selbst entscheiden, was ich tun möchte und was nicht. Die Freunde, von denen ich hier spreche, sind gebildet und behaupten von sich, gegen Diskriminierung zu sein. Immer wollen irgendwelche Leute für mich entscheiden. Doch diese Rolle der Entmündigten gefällt mir nicht.

In der Verwandtschaft bin ich die Einzige, die einen Grundschulabschluss geschafft hat. Nachdem ich Lesen und Schreiben gelernt hatte, erschien mir das Lesen als ein Instrument der Befreiung. Vater und Mutter hatten ihr ganzes Leben kein einziges Buch gelesen. Bei mir war es anders. Ich las alles, was mir zwischen die Finger kam. Die Lebensmittelhändler verpackten in meiner Kindheit alles mit Altpapier. Dieses Packpapier war eine meiner Hauptlesequellen. Das setzte sich später natürlich fort. Ich entdeckte die Bibliothek der Schule. Ich begann, mir Bücher auszuleihen. Ehrgeizig ging ich daran, die Lüge, dass ich nichts könne, zu widerlegen.

Ende der siebziger Jahre, genauer: 1977, habe ich an der Technischen Universität in Istanbul angefangen zu studieren – damals waren Schulen und Universitäten politisiert, und politische Morde waren auf der Tagesordnung. Ich hatte gerade meinen Aufnahmebescheid von der Universität erhalten, als Professor Cahit Orhan Tütengil ermordet wurde. Seine Beerdigung war eine Manifestation der Linken. Es sollte einen Demonstrationsmarsch zum Friedhof geben. Ich ging hin. Ein junger Mann mit Palästinensertuch packte mich und zerrte mich aus dem Demonstrationszug heraus. Diese angeblichen Revolutionäre duldeten nicht, dass ein Krüppel mitläuft. Sie

hatten Menschenketten rechts und links des Zuges gebildet. Und ich musste außen vor stehen, durfte nicht hinein. Ein ähnliches Erlebnis hatte ich ein Jahr zuvor. Ein wichtiger Mann der Idealistenverbände war getötet worden. Die ganze Schule musste zur Beerdigung. Auch da Menschenketten rechts und links des Zuges. Und wieder wurde ich rausgeschmissen. Bei den Beerdigungen war das Verhalten der »Rechten« und der »Linken« gleich. Ich durfte nicht entscheiden, ob ich an einer Beerdigung teilnehme. Andere entschieden. Niemand will einen Krüppel in seinen Reihen.

1977 begann ich mit dem Studium. Zu Hause und auf dem Lyzeum war ich mit dem Spruch aufgewachsen: »Kommunisten sind böse Menschen.« Die TU war eine Hochburg der Linken, lauter »revolutionäre«, »kommunistische« Gruppen. Jede versuchte, »Militante« zu gewinnen und »Kader« zu schmieden. Überall wurden Flugblätter und Zeitschriften verteilt. Jeder wurde angesprochen, bekam Flugblätter und Zeitschriften in die Hand gedrückt, wurde zu Veranstaltungen und Seminaren eingeladen. Nur ich nicht. Dabei war ich eine Leseratte. Es gab Listen der Organisationen mit Büchern über Faschismus, Imperialismus und Sozialismus. Diese Listen verteilten sie. Ich mühte mich ab, die Flugblätter und Zeitschriften zu lesen, kaufte auch die Bücher auf den Listen und las sie. Eines Tages hatte ich die Nase voll. Ich ging zu einem Führer von einer der starken Organisationen und sagte: »Ihr ladet jeden zu euren Veranstaltungen ein, selbst die dümmsten Mädchen, die schon zu Angsthasen werden, wenn sie Polizisten nur erblicken. Warum werde ich nicht eingeladen?« Ich werde den Typen nie vergessen. Der meinte ganz trocken: »O. k., ladet die auch mal ein.« Also wurde ich Mitglied in der Politgruppe. Doch auch dort änderte sich nichts. Ich bekam keine Aufgabe zugeteilt, ich durfte nicht Flugblätter verteilen. Ich war belesen, konnte

Reden schwingen und agitieren. Aber ich durfte nicht. Da habe ich begriffen, worum es ging. Sie wollten Militante, und Krüppel eignen sich halt nicht als Militante. Ich war so wütend.

Meine erste große Liebe fällt auch in diese Zeit. Er war ein Studentenführer, ein »Revolutionär«. Er liebte mich, ich liebte ihn. Alle wussten das. Monate vergingen. Eines Tages sagte ich: »Ich liebe dich. Lass uns doch mal über die Zukunft reden.« Er antwortete: »Müh dich nicht ab. Heiraten kann ich dich nicht. Das akzeptiert meine Familie nicht.« Es ist unglaublich. Ich habe geflucht, obwohl ich fluchen hasse, weil ich mit den Flüchen meines Vaters aufgewachsen bin. Von Heiraten hatte ich nicht geredet. Natürlich nicht. Heiraten war unter Revolutionären verpönt. Aber der Kerl, der sich als revolutionärer Studentenführer ausgab, redete davon, dass seine Familie mich nicht akzeptiere. Warum? Weil ich behindert bin. Ich war verrückt geworden! Zu dieser Zeit fing ich an, diese Bewegungen zu hinterfragen. Schlimmste Diskriminierung gegenüber Frauen und Behinderten habe ich in diesen angeblich linken, revolutionären Bewegungen erfahren. Heute lache ich darüber. Damals habe ich geweint. Ist es nicht sonderbar, über Ereignisse, die einen zum Weinen gebracht haben, heute zu lachen? Er war ein Kind, ja, ein Kind – nichts von den großen Worten war verinnerlicht. Er sagte, wir werden die Revolution machen und den Staat zerstören. Ich redete von Liebe, er von Heirat. Und er sagte, dass Vater und Mutter keinen Krüppel akzeptierten.

Ich habe 1984 die Universität abgeschlossen, mich erneut verliebt und im gleichen Jahr geheiratet. Auch die Heirat war mit Problemen verbunden. Mein Exmann war Kurde aus Diyarbakır. Er studierte noch, als ich den Abschluss machte. Wir waren verliebt, wir wollten heiraten. Als ich unsere Absicht meinem Vater mitteilte, sagte er: »Ich geb mein Mädchen keinem Kurden.« Ich habe ihn abgeschmettert. Schließlich

habe ich ihn nicht um Erlaubnis gefragt, sondern ihm nur mitgeteilt, dass wir heiraten. Zu dieser Zeit gab es in der Türkei offiziell keine Kurden. Ihre Existenz wurde geleugnet. Auch innerhalb der linken Bewegungen an der Uni wurde das Wort »Kurde« nicht ausgesprochen. Es war verpönt, davon zu reden. Ich erinnere mich an Kurden, die mir heimlich ins Ohr flüsterten, dass sie Kurden sind. Sagten sie dies laut, wurden sie des Nationalismus bezichtigt. Das Kurdische meines Mannes war die eine Seite der Medaille. Die andere Seite war der ältere Bruder meines Mannes. Der saß im Gefängnis und hatte sich der kurdischen Sache verschrieben. Meinen Mann fragte er: »Konntest du keine Bessere finden? Musstest du einen Krüppel heiraten?« Wenn heute jemand in der Türkei sagt: »Ich möchte nicht, dass mein Kind einen Kurden heiratet«, nennt man ihn einen Rassisten. Wie nennt man eigentlich jemanden, der sagt: »Ich möchte nicht, dass mein Kind einen Krüppel heiratet?«

Wir heirateten, obwohl beide Elternpaare gegen diese Heirat waren. Wir waren auf uns allein gestellt. Niemand hat uns geholfen. Es ging uns materiell sehr schlecht. All meine Hoffnungen, als Ingenieurin zu arbeiten, wurden zerstört. Über ein Jahr lang habe ich mich überall beworben. Es war unglaublich. Bei vielen Firmen gab es schriftliche Tests, bevor man zum mündlichen Bewerbungsgespräch eingeladen wurde. Ich war wohl so gut bei den Tests, dass ich immer zum Gespräch eingeladen wurde. In dem Augenblick jedoch, als sie mich sahen, wollten sie mich sofort loswerden. Da hieß es dann: »Uns muss ein Fehler unterlaufen sein. Wir wollten Sie nicht einladen.« In dem Augenblick, in dem sie merkten, dass ich behindert bin, war Schluss der Vorstellung. Einige sagten es ganz offen, andere indirekt, andere begründeten es überhaupt nicht. Ich war so wütend und außer mir. Ich habe dann einen Job als Kassiererin gefunden. Und so ging es weiter mit meinem Berufsleben. Ich

hatte Dutzende Beschäftigungen, weil die Herren keine behinderte Ingenieurin wollten. Ich habe als Sekretärin gearbeitet, Versicherungen verkauft, war im Callcenter tätig, ja, ich bin von Tür zu Tür gegangen, um Bücher zu verkaufen.

Ich glaube, bis Ende der achtziger Jahre habe ich die Rolle, in welche ich als Behinderte gedrängt wurde, nie begriffen. Ich war zwar behindert, aber ich hatte mich nie damit auseinander gesetzt. Hatte nie die Zusammenhänge zwischen meinen persönlichen Erlebnissen und Erfahrungen mit Gesellschaft und Politik erkannt. Es war die feministische Bewegung in der Türkei, die bei mir diesen Prozess in Gang setzte. »Das Persönliche ist politisch« war die Devise, und die Frauen thematisierten all die Diskriminierungen, die sie innerhalb der linken Bewegungen erfahren hatten. Das persönlich Erlebte wurde zum Politikum. Die Frauenbewegung hat mir viele Anstöße gegeben, doch selbst innerhalb dieser Bewegung habe ich Ausgrenzung erfahren. Ich habe nie geweint, als ich von den anderen Kindern auf dem Schulweg mit Steinen beworfen wurde. Doch ich habe geweint, als ich Ausgrenzung von Seiten der Frauenbewegung erfahren habe. Es verletzte mich zutiefst, weil wir doch mit gemeinsamen Zielen und Hoffnungen einen Weg beschritten hatten. In den angeblichen Kleinigkeiten verbarg sich der große Konflikt. Dass ich mich gegen einen Veranstaltungsort wehrte, der nicht behindertengerecht ist, wurde in die unpolitische Ecke gedrängt. Auch später, bei meiner Arbeit im Menschenrechtsverein, hat sich dieser Konflikt fortgesetzt.

Mein Sohn ist heute 16 Jahre alt. Auch er hatte es wegen meiner Behinderung schwer. Als er im dritten Schuljahr war, sagte er eines Tages: »Ich möchte nicht, dass du zur Schule kommst.« Als ich nach dem Grund fragte, antwortete er: »Weil die Kinder über dich spotten. Und dann spotten sie über mich.« Wir

redeten darüber. In letzter Zeit vermeidet er es, mit mir zusammen auf die İstiklâl Caddesi, die Fußgängerzone, zu gehen. »Alle glotzen dich an«, sagt er. »Es ist Gottes Lohn, Schönheit anzuschauen«, antworte ich. Er antwortet: »Rede nicht Unsinn, Mutter. Sie schauen dich nicht an, weil du schön bist, sondern weil du behindert bist.«

In der türkischen Gesellschaft erlebt man Unglaubliches. Manchmal weiß man nicht, ob man lachen oder weinen soll. Ich hatte mich mit Freunden in einer Kneipe am Fischmarkt getroffen und machte mich auf den Weg zu meinem Auto. Zwei Besoffene kamen mir entgegen. Einer der Besoffenen drehte sich zu mir um und sagte: »Ich möchte dich ficken.« Ich machte mir nichts draus und ging meines Weges. Als ich mich ins Auto setzte, kam der andere Besoffene, sichtlich erschüttert: »Tut uns Leid, Schwester. Mein Kumpel ist betrunken. Er hat nicht gesehen, dass du ein Krüppel bist.«

Schläfst du im Rollstuhl?

Marie, die Vorzeigeschülerin

22 Jahre

In diesem Jahr habe ich die Abiturprüfung bestanden. Mit einem Notendurchschnitt von 2,6! Ich bin stolz darauf, dass ich das Abitur geschafft habe. Viele Leute hatten mir zuvor immer wieder gesagt, dass Menschen mit meiner Behinderung Probleme mit der Sprache hätten. Nun, ich schreibe sehr gerne, und Deutsch war eines meiner Leistungsfächer. In einem Buch, das der Behindertenbeauftragte der Bundesregierung herausgegeben hat, ist eine Erzählung von mir veröffentlicht. Neue deutsche Philologie möchte ich studieren und eine Arbeit finden, bei der ich schreiben kann. Vielleicht werde ich ja Journalistin oder Schriftstellerin.

Meine Behinderung nennt sich spastische Tetraplegie. Ich kann nicht laufen, bin an den Rollstuhl gebunden und habe Schwierigkeiten, die Arme zu bewegen. Fortwährend bin ich auf Hilfe angewiesen. Ich kann mich nicht anziehen, und ich kann nicht eigenständig essen. Doch vieles kann ich allein. Mich an den Computer setzen und schreiben. Meine Mutter hat einen Apparat aus Draht und Knetmasse gebastelt, mit dem ich auf die Tasten tippen kann. Die Behinderung hat zur Folge, dass der Körper sofort auf Gefühlsstimmungen und Überraschungen reagiert. Auf Freude und Wut zum Beispiel. Ich kann nichts verheimlichen. Den größten Schrecken hatte ich mit elf

Jahren, als die Bremse des Rollstuhls nicht angezogen war und ich aus dem Rollstuhl fiel. Vier Zähne sind mir damals ausgefallen. Das hat mich ungeheuer erschreckt.

Zur Grundschule bin ich in eine Integrationsschule gegangen. Eine Schule, in der Behinderte und Nichtbehinderte zusammen unterrichtet werden. Das Konzept wurde in Fachzeitschriften gelobt. Die ersten vier Jahre war es in der Schule wie in einer großen Familie. Nach der Schule ging es zum Schülerladen. Man ging gemeinsam ins Schwimmbad, man ging Eis essen. Ich hatte – wie in der ganzen Schulzeit – stets eine Betreuung dabei. Ich fand es natürlich toll, dass ich dabei sein konnte. Doch die letzte Zeit auf der Schule war schrecklich. Meine beste Freundin zog aus Berlin weg. Es kamen neue Mädchen in die Klasse, die als Clique immer zusammenhielten, ich bekam eine neue, schreckliche Schulhelferin, und der Schülerladen wurde aufgelöst. Ich wurde gemieden und ausgegrenzt. Eine Lehrerin stellte eine Liste zusammen, nach der ich in jeder Pause einem Schüler zugewiesen war, der sich um mich kümmern sollte. Die Liste hatte auch einen Namen: Rollstuhlschiebedienst. Doch während der Pause fuhr niemand meinen Rollstuhl. Ich wurde an die Mauer gestellt. Sie spielten in der Zeit lieber Fußball. Sie vergaßen auch nicht, mir zu drohen. »Wehe, du verrätst uns an die Lehrer.« Ich habe sie nicht verraten, damit sich meine Position nicht weiter verschlechterte. Den Lehrern war eigentlich klar, was in den Pausen lief, denke ich. Meine neue Schulhelferin kam auch noch hinzu. Sie wollte mich nicht auf die Toilette setzen. Wenn ich am Computer arbeiten wollte, war sie genervt. Alles dauerte ihr viel zu lang. Bei meiner Behinderung ist aber gerade das Problem, dass mein Körper unter Druck gar nicht mehr mitspielt.

Meine Behinderung war zuweilen Diskussionsgegenstand in der Klasse. Zu Weihnachten wurde die Geschichte eines

Jungen, der die Beine nicht bewegen kann und keine Freunde hat, erzählt. »Kennt ihr jemanden, der so ist wie der Junge?«, fragte die Lehrerin. Alle wussten natürlich, dass das auf mich gemünzt war. Ein anderes Mal wurden Schüler am Rollstuhl festgebunden, damit sie erfahren, wie es ist, wenn man auf Hilfe angewiesen ist. Doch solche Geschichten haben kaum etwas bewirkt. Alles blieb beim Alten. Ich war allein. Ich glaube sogar, dass viele der von den Pädagogen gut gemeinten Gespräche das Gegenteil bewirkt haben. Ich fühlte, wie die von den Lehrern initiierten Gespräche zu meiner Behinderung meine Mitschüler nur nervten. Ich bekam den Groll dann ab: »Wegen dir müssen wir hier stundenlang im Kreis herumsitzen.«

Nach der Grundschule fand sich in ganz Berlin keine Schule, die mich aufnehmen wollte. Das Schuljahr hatte angefangen. Kinder in meinem Alter erzählten, was sie alles in der Schule erlebt hatten, nur ich musste zu Hause bleiben. Meine Eltern haben sich sehr eingesetzt. Es war ein Kampf. Eine Anwältin wurde eingeschaltet und die Medien informiert. Es bedurfte erst einiger Berichte in den Zeitungen mit reißerischen Überschriften wie »14-jähriges, intelligentes, behindertes Mädchen darf nicht zur Schule«, um schließlich doch eine zu finden. Der erste Schultag in der Kiez-Schule – so hieß diese Hauptschule in Kreuzberg damals – war schon ganz lustig. Es war ziemlich laut in der Klasse. Geschrien wurde auf Türkisch und Deutsch. Alle guckten mich an. Dann kam die Lehrerin und sagte: »Haltet mal alle eure Klappe. Das ist Marie. Sie sitzt im Rollstuhl. Deshalb hat sie eine Helferin dabei, die sich um sie kümmert. Ihr könnt euch aber auch um sie kümmern.« Das war es. Zwei Schüler wurden abkommandiert, um mit meiner Mutter meinen speziellen Tisch hochzuholen. Die große Mehrheit der Schüler in meiner Klasse waren, wie in der gesamten Schule, Türken.

In der ersten Pause war ich im Schulhof von Schülern umringt. Das war eine ganz neue Erfahrung für mich. Sie hatten jemanden wie mich noch nie gesehen. Sie waren neugierig. Da kamen Fragen wie »Schläfst du im Rollstuhl?«. Viele Mädchen trugen Kopftuch. Es war unglaublich, wie sie sich um mich gekümmert haben. Sie haben mir die Jacke angezogen, sie haben mir zu essen gegeben, sie haben mich umarmt. Sie hatten keine körperlichen Berührungsängste. So etwas habe ich nie wieder erlebt. Doch auch die türkischen Jungs waren von mir angetan. Es gab zum Beispiel einen großen und kräftigen Jungen, der wahrscheinlich sitzen geblieben und etwas älter war. Er sagte zu mir: »Ich heiße Uğur. Ich bin immer für dich da. Wenn du Probleme hast, sage es mir. Ich werde dich von nun an beschützen.« Die türkischen Jungs gefielen sich in der Rolle des Beschützers. Für mich war es ein neues Gefühl, und für sie war es schmeichelhaft für ihr Ego, glaube ich. An der Schule wurde ich zum ersten Mal so akzeptiert, wie ich war. Immer ließ sich jemand finden, der mich in der Pause schob, obwohl es nicht durch eine Liste reglementiert war. Es stand völlig außer Frage, dass ich in den freien Stunden in den Park mitgenommen wurde. Das Gefühl, so akzeptiert zu werden, wie ich bin, war toll. Umgekehrt konnte auch ich helfen. Schülerinnen, die schlecht Deutsch gesprochen haben, wollten, dass ich sie korrigierte, wenn sie Fehler machten. Meine Beschützer waren immer zur Stelle. Als zum Beispiel ein Journalist kam, um eine Geschichte über mich zu schreiben, wollte Uğur, sobald er mitbekommen hatte, dass der Journalist mich nicht ganz für voll nahm, sich sofort mit dem Mann anlegen. Im letzten Schuljahr kamen ehemalige Schüler mit Kampfhunden auf den Schulhof. Ich habe große Angst bekommen. Meine Freundin schrie die Hundebesitzer auf Türkisch an, so dass sie sich gleich zurückzogen.

Der Unterricht in der Schule ist mir leicht gefallen. Ich war eine Vorzeigeschülerin. Vielleicht habe ich nicht so viel neuen Stoff gelernt. Doch mein Selbstbewusstsein, mein Selbstwertgefühl, ist sehr gestiegen. In der neunten Klasse wurde ich sogar Klassensprecherin. Ein paar Wörter Türkisch kann ich immer noch: Sus – sei still. Das war ein ganz wichtiges Wort. Zu den deutschen Schülern in der Klasse hatte ich am wenigsten Kontakt. Zwei Schülerinnen mochten mich überhaupt nicht. Ich glaube, es war Eifersucht und Neid. Zum einen, weil die Lehrer mich als Musterschülerin hervorhoben, zum anderen, weil ich mit den türkischen Schülern wunderbar zurechtkam. Da ich gerne Türkisch lernen wollte, bin ich mehrere Male zu einem Türkischkurs außerhalb der Schule gegangen. Aber die Teilnehmer waren älter und wollten Krankenschwester werden. Da lernte man, was Spritze und Blutdruck auf Türkisch heißt. Das war für mich aber nicht besonders interessant.

Mein Selbstvertrauen, das ich an der Hauptschule gewonnen habe, hat viel dazu beigetragen, dass ich später auf eine Gesamtschule gehen konnte und das Abitur schaffte. In der Hauptschule waren wir gerade ein paar Hundert Schüler. In der Gesamtschule waren es 1400. Dort herrschte eine weniger herzliche Atmosphäre. Körperkontakt, Umarmung, Berührung – das gab es nicht. Ich glaube, es gab einfach mehr Angst vor mir. Doch zugegebenermaßen hat es mir auch gut getan, in der Gesamtschule andere Gesprächsthemen zu haben. In der Hauptschule redete man eigentlich nur über Mode, über das Essen, über den Koran und den Propheten Mohammed.

Es passiert häufig, dass Menschen, denen ich zufällig im Geschäft oder in einer Gaststätte begegne, nicht mit mir, sondern nur mit meiner Begleiterin reden. Sie wird gefragt, was ich trinken möchte. Als ob ich nicht selbst entscheide, was ich trinke. Einmal habe ich in einem Café etwas gegessen,

während meine Begleiterin nichts aß. Sie wurde gefragt, ob es mir geschmeckt habe. Ich finde es auch ganz schlimm, wenn alte Leute auf mich zukommen, mich streicheln, mir Geld schenken oder Süßigkeiten geben. Als würde all dies meine Behinderung lindern. Ich habe einmal von einer Frau 20 DM bekommen. Ich war so verblüfft. Als ich das Geld zurückgeben wollte, war sie schon weg. Und dann wird man immer wieder von obskuren Sekten und Wunderheilern angesprochen, die dich gesund machen wollen. Sie bieten dir »Heilstrom« an. Als ich 16 Jahre alt war, sprach mich ein Mann mit Aktenkoffer an. Er käme von der Bibelgesangstunde. Nun, er versuchte mich zu bekehren. Ich habe ihn mit den Worten »Mein Urgroßvater war Pastor. Ich brauche Ihre Hilfe nicht« abgewehrt. Doch vieles, was anderen Behinderten widerfahren ist, blieb mir erspart. Ich habe einen 24-jährigen Freund, der an der Glasknochenkrankheit leidet. Er ist klein gewachsen, 86 cm, und seine Knochen brechen sehr leicht. Er hat schon zu hören bekommen: »So etwas sollte vergast werden.« Mir ist schon mal die Zunge ausgestreckt worden. Aber das kann ich ja auch. Dann strecke ich eben auch die Zunge raus.

Wenn man sagt, alle Behinderten verstehen die Situation aller Randgruppen, oder Behinderte seien generell tolerant gegenüber anderen Menschen, die ausgegrenzt werden, ist das falsch. Weil man im Rollstuhl sitzt, versteht man nicht automatisch den Schwarzen, der angemacht wird. Ich habe eine Bekannte, die mir erzählt hat, wie in einer Behindertengruppe über Nichtbehinderte hergezogen wurde. Ihr sind die Ohren abgefallen. Von Toleranz keine Spur. Toleranz hat viel mit der Verarbeitung im Kopf und mit Erziehung zu tun. Nicht jeder, der ausgegrenzt wird, ist tolerant.

Behinderte sind nicht gleich. Schwarze sind nicht gleich. Mich hat es sehr gestört, dass ich in der Gesamtschule mit

einem anderen Mädchen, das ein ähnliches Behindertenbild hat, in einen Topf geworfen wurde. Eine Lehrerin gratulierte mir zum bestandenen Abitur. Dabei hatte ich die Prüfung noch vor mir. Sie verwechselte mich mit dem anderen Mädchen. Ich erinnere mich an eine Psychologie-Unterrichtsstunde, in der das behinderte Mädchen Schmerzanfälle hatte. Sie bejahte die Frage der Lehrerin, ob sie etwas trinken wolle. Die Lehrerin kam ins Unterrichtszimmer mit zwei Gläsern Wasser. Ein Glas für sie. Ein Glas für mich. Dabei hatte ich gar keinen Durst. Mir ging es blendend. Wenn ein Mensch braune Augen hat und wegen einer Sehbehinderung eine Brille trägt, heißt das doch nicht, dass alle Menschen mit braunen Augen Brillen tragen müssen. Es gibt Erwartungshaltungen, die nichts mit der Wirklichkeit zu tun haben. So die Erwartung, dass ich ein todunglücklicher Mensch wegen meiner Behinderung bin. Dass die Behinderung ausschließlich mein Leben bestimmt, ist Unsinn. Im Rollstuhl sitze ich nun seit 22 Jahren. Ich kenne nichts anderes. Manchmal kommt der Spruch: »Du bist behindert und trotzdem fröhlich.« Was soll dieses »trotzdem« in diesem Satz? Kann ich denn nicht fröhlich sein, nur weil die Sonne scheint? Kann ich nicht unglücklich sein wegen Regenwetter?

behindert sein in Deutschland

■■■ 2001 lebten rund 6,7 Mio. schwerbehinderte Menschen in Deutschland ■■■ Dies entspricht 8,1 % der Gesamtbevölkerung ■■■ Die Beschäftigungsquote Schwerbehinderter lag 2001 bei 3,8 % (= 768 388 Stellen) ■■■ Menschen mit Behinderungen sind kaum in Führungspositionen anzutreffen ■■■ Neue Gleichstellungsnormen für Menschen mit Behinderung markieren seit den neunziger Jahren weltweit einen Paradigmenwechsel in der Behindertenpolitik ■■■ In Deutschland wurde das Schwerbehindertengesetz zum 1. 10. 2000 durch das »Gesetz zur Bekämpfung der Arbeitslosigkeit Schwerbehinderter« geändert; zum 1. 7. 2001 wurde es komplett aufgehoben und in das Sozialgesetzbuch IX »Rehabilitation und Teilhabe behinderter Menschen« überführt ■■■ Die neue Gesetzgebung zielt auf eine umfassende Rehabilitierung und Eingliederung behinderter Menschen in die Gesellschaft; seitdem beträgt z. B. die Pflichtquote zur Beschäftigung schwerbehinderter Menschen 5 % (in Betrieben mit min. 20 Beschäftigten) ■■■ Der Beauftragte der Bundesregierung für die Belange behinderter Menschen im Ministerium für Gesundheit und Soziale Sicherung setzt sich auf institutioneller Ebene für die Gleichstellung, Teilhabe und Selbstbestimmung Behinderter ein ■■■ Es gibt zahlreiche Selbsthilfegruppen und Behindertenverbände; wichtiger Dachverband: Allgemeiner Behindertenverband in Deutschland e. V., gegründet 1990 ■■■ Der Deutsche Behindertenrat ist ein 1999 ins Leben gerufenes Aktionsbündnis, in dem sich alle wichtigen Organisationen behinderter und chronisch kranker Menschen zusammengeschlossen haben ■■■ Im öffentlichen Bewusstsein zeigt sich seit einigen Jahren eine steigende, wenn auch nicht ausreichende praktische, integrative Akzeptanz gegenüber Menschen mit Behinderungen ■■■ Wohnungsbau, öffentliche Gebäude und Einrichtungen, Verkehrsmittel und -anlagen sind oft noch ungenügend

67

behindertengerecht konzipiert; Forderung verschiedener Verbände nach »barrierefreiem« Bauprinzip ■■■ Die wirtschaftliche Lage der Behinderten wird durch Vergünstigungen bei der Einkommensteuer, ermäßigte Eintrittspreise bei öffentlichen Einrichtungen und Transportmitteln verbessert **(bk)**

behindert sein in der Türkei

■■■ Schätzungsweise 8,5 Mio. Menschen mit Behinderungen (2002) ■■■ Die Türkische Stiftung für Behinderte (ein Zusammenschluss verschiedener Behindertenverbände) setzt sich dafür ein, dass statistische Fragen zu Menschen mit Behinderungen in die nächste Volkszählung aufgenommen werden ■■■ Bereits 1889 wurde in Istanbul eine Schule für hörgeschädigte Kinder eröffnet; insgesamt gesehen entwickelt sich aber die staatliche Fürsorge für Menschen mit Behinderung sehr langsam ■■■ Das Europäische Jahr der Menschen mit Behinderung und die Deklaration von Madrid aus dem Jahr 2003 hat – ebenso wie die EU-Anwärterschaft der Türkei – dazu beigetragen, die Integration von Menschen mit Behinderung als Menschenrechtsthema zu betrachten ■■■ 1997 wurde ein Hoher Rat für Behinderte einberufen, der für die Ausarbeitung einer Behinderten-Politik zuständig ist ■■■ 1998 fand die erste Behinderten-Konferenz in der Türkei statt ■■■ Die Aus-, Fort- und Weiterbildung geistig und/oder körperlich behinderter Schüler obliegt dem türkischen Erziehungsministerium (Direktorat für Sonderpädagogik und Beratung) sowie dem Staatsministerium für Soziale Dienste und Kinderschutz ■■■ Aktive Nicht-Regierungsorganisationen wurden in den letzten Jahren besonders in den drei größten Städten der Türkei – Istanbul, Ankara und Izmir – gegründet ■■■ Im Schuljahr 2001/02 wurden 17 320 Kinder von 2834 Lehrern an 342 Behindertenschulen unterrichtet ■■■ Seit

1997 subventioniert der türkische Staat Behinderteneinrichtungen ■■■ Nach der Wirtschaftskrise der Jahre 2001/02 sind neue staatliche Maßnahmen zur wirtschaftlichen Unterstützung von Menschen mit Behinderungen ergriffen worden: z.B. 50%iger Nachlass auf die Wasser-, Gas- und Erdölpreise, kostenfreie Nutzung öffentlicher Verkehrsmittel und kultureller Einrichtungen wie Theater; Preisnachlässe bei kommerziellen kulturellen Anbietern sind obligatorisch ■■■ Einige Kommunen bieten spezielle Transportmöglichkeiten für Menschen mit körperlichen Behinderungen kostenlos an; z.B. werden im Istanbuler Stadtteil Kadıköy seit Juni 2004 besondere Taxis zur Verfügung gestellt **(bk)**

anders sein anders sein anders sein anders s
anders sein anders sein anders sein anders sein anders sei
anders sein anders sein anders sein anders sein anders
sein anders sein anders sein anders sein anders sein
sein anders sein anders sein anders sein anders sein ander
sein anders sein anders sein anders sein anders s
sein anders sein anders sein anders sein anders sein ande
anders sein anders sein anders sein anders sein anders s
sein anders sein anders sein anders sein anders se
anders sein anders sein anders sein anders sein and
sein anders sein anders sein anders sein anders se
anders sein anders sein anders sein anders sein anders se

anders sein anders sein anders sein anders sein anders sein

anders sein **anders sein** anders sein anders sein

anders sein anders sein anders sein anders sein anders

anders sein anders sein anders sein **anders sein** anders

anders sein anders sein anders sein anders sein **anders**

anders sein # religiös sein anders sein anders

anders sein anders sein anders sein anders sein anders

anders sein anders sein **anders sein** anders

anders sein anders sein anders sein anders sein anders sein

anders sein anders sein anders sein anders sein anders

anders sein anders sein anders sein anders sein anders sein

anders sein **anders sein** anders sein anders sein anders

Der konvertierte Wachmann

Omar, geb. Thomas

31 Jahre

Wer meint, Wachmänner schauen stets grimmig und erblicken in jedem Kunden einen potenziellen Dieb, wird in einer Kreuzberger Filiale des Discounters Lidl eines Besseren belehrt. Türken und Araber bilden hier die Mehrheit der Kundschaft. Dunkle Männer mit Vollbart und Kopfbedeckung sind hier keine Seltenheit, ebenso wenig Frauen mit Kopftuch und Frauen in traditionellen Pumphosen. In dieser Filiale steht ein uniformierter Wachmann, der mit seiner Größe von 2,08 Metern alle Kunden und Regale überragt. Die Kunden mögen ihn und grüßen ihn freundlich-herzlich auf Arabisch oder Türkisch mit einem freundlichen »As Salam-Alaikum«, oder »Maşallah«, was so viel heißt wie »Gott behüte dich, mein Sohn«.

Der hochgewachsene Mann hieß einst Thomas, bevor er zum Islam konvertierte, und wuchs in der DDR im brandenburgischen Guben auf. Den neuen Namen gab sich der Wachmann nach dem zweiten Kalifen Omar. Der Kalif Omar sei sowohl streng als auch gerecht gewesen, erzählt der Kreuzberger Namensvetter. Als Muslim sei man verpflichtet, nett und freundlich zu sein. Er habe es mit seinen 2,08 Metern besonders leicht. »Meine Größe bricht das Eis, und die Menschen kommen auf mich zu. Ich rage hervor, deshalb muss ich ein Vorbild sein.« Omar erinnert sich an eine Situation, als ein muslimi-

scher Kunde fragte, wo der Kaffee stehe. »Da habe ich zuerst
›As Salam-Alaikum‹ gesagt. Und jetzt können Sie mich nach
dem Kaffee fragen.« Der Mann war ganz baff. »Man soll als Muslim grüßen. Später hat sich der Mann immer gefreut, wenn er
mich gesehen hat.« Innerhalb von zwei Wochen hatte sich die
Nachricht, dass Thomas nunmehr Omar heißt und Muslim ist,
nicht nur bei den Mitarbeitern der Filiale, sondern auch bei
der Kundschaft verbreitet. Heute ist Omar eine Institution in
der Filiale. Wenn er keinen Dienst hat, fehlt der Stammkund-
schaft das »As Salam-Alaikum«, dieser Gruß, der zu einem Symbol von Freundlichkeit geworden ist.

Als Omar vor drei Jahren von seiner Wachfirma zum Discounter in Berlin versetzt wurde, kam er mit schrecklichen
Vorstellungen über den Stadtteil Kreuzberg. Er habe überall
»Kriminelle« gewittert. »Man hört ja Nachrichten. Hier wieder
Randale. Dort wieder eine Messerstecherei. Als Deutscher hat
man ein ziemlich feststehendes Bild vom Räuber: Unrasiert,
dunkler Hauttyp, schmutzig aussehend, komisch angezogen –
das war der übliche Verbrechertypus. Ich bin hinter jedem her-
gelaufen, der so aussah.« Am Anfang sei er auch recht vorsichtig gewesen, wenn er jemanden beim Klauen erwischt habe.
»Ich habe Abstand gehalten, weil die vielleicht ein Messer oder
eine Pistole zücken könnten.« Mit der Zeit hat Omar gelernt,
dass nicht jeder Mensch mit dunklem Hauttyp ein Dieb ist.

Zunehmend wuchs sein Interesse für die muslimische Kundschaft. Er kam ins Gespräch mit einem deutschen Muslim, der
wiederum ein Gespräch mit einem Religionsgelehrten vermit-
telte. Bei ihm habe er die Grundlagen der islamischen Religion gelernt. Er sei zu sich selbst lieber zu streng als zu lasch,
meint Omar. Gewissenhaft habe er die Bücher gelesen, die ihm
der Gelehrte empfahl. Irgendwann war es so weit: Er las den
Koran, gleich mehrfach, und entschloss sich, zum Islam zu

konvertieren. Im Haus seines Lehrers sprach er unter Zeugen den Satz aus, dass es nur einen Gott gibt und Mohammed sein Gesandter ist. Das war vor zwei Jahren. Ein Jahr später ließ er sich beschneiden. Doch nichtsdestotrotz spricht er immer noch von einer Lernphase. »Ich weiß eigentlich noch nichts. Der Islam ist nicht nur eine Religion, sondern eine Lebensweise.« Doch er weiß mehr über den Islam als viele Araber oder Türken. Omar, einst gläubiger Christ und Bibel-Leser, macht sich viele Gedanken. Über die Unfehlbarkeit des Papstes zum Beispiel. Ob es richtig sei, dass ein einzelner Mensch den Verhaltenskodex bestimmt. Über die Frage, warum Menschen Heilige anbeten. »Mein Schöpfer ist Gott«, sagt Omar immer wieder. »Wenn ich beichte, brauche ich keinen Priester dazu. Das mach ich mit meinem Schöpfer.« Omar meint, auf dem richtigen Weg zu sein.

Im Alltag gestaltet sich die Freiheit der Religionswahl nicht so einfach. »Als der Marktleiter davon erfuhr, dass ich Muslim geworden bin, hat er gleich gefragt, wann ich mit einem Bombengürtel komme.« Doch solche Witze haben ihn nicht von seinem Weg abgebracht. Auch als ein Vorgesetzter ihn versetzen ließ, nahm er es gelassen. Zwei Monate später war er wieder in der lieb gewonnenen Kreuzberger Filiale. Heute hat er überhaupt keine Probleme mit dem Arbeitgeber. Er kann selbst die Gebetszeiten weitgehend einhalten. Wenn im Laden alles gut läuft, zieht er sich kurz zum Gebet in den Umkleideraum zurück.

Seine Familie versuchte er allmählich an das Thema heranzuführen. »Was würdest du sagen, Mutti, wenn ich mit einem Mädchen mit Kopftuch kommen würde?«, fragte er vorsichtig an. »So etwas kommt mir nicht ins Haus«, erhielt er zur Antwort. Omar verurteilt die Mutter nicht. Dort, wo sie wohne, gäbe es wenige Muslime, und mit den Bewohnern des nahen

Asylwohnheims habe man schlechte Erfahrungen gemacht. Er vergisst nicht hinzuzufügen: »Sie sind zwar Muslime, haben aber von Tuten und Blasen keine Ahnung.« Einen Monat dauerte es, bis er der impulsiven Mutter endgültig eröffnete, dass er Muslim ist. Damit war die Sache geklärt. »Sie weiß, dass ich ganz schön stur sein kann. Sie musste sich damit abfinden.« Zum besseren gegenseitigen Verstehen nahm er sich viel Zeit für aufklärende Gespräche über den Islam. Er unterrichtete seine Mutter über all das, was in den Medien nicht auftaucht. Auch seine Oma reagierte zuerst entsetzt. Er solle mit Frauen aufpassen. Sonst hätte er die ganzen Brüder am Hals. Mittlerweile haben sich Verwandte und Bekannte auf Omars Glauben eingestellt. Beim Geburtstag der Mutter in einem Gartenlokal nahm der Besitzer Rücksicht beim Kochen. »Meine Mutter hat extra Bescheid gesagt, dass kein Schwein, kein Alkohol und keine Gelatine ins Essen kommt.« Lange hat Omar auf dem Geburtstag der Mutter an der Theke gestanden und Fragen zum Islam beantwortet. Und wenn sein Bruder zu Besuch bei Omar in Berlin ist, kennt er die Spielregeln: »Du brauchst gar nicht herkommen, wenn du Alkohol getrunken hast. Alkohol kommt mir nicht ins Haus.« Der Bruder habe damit keine Probleme, er akzeptiere ihn, wie er ist.

Doch welch Lebenslauf! Ein 31-jähriger Brandenburger, der Kindheit und Jugend in der DDR verbrachte, die politischen Umbrüche, die deutsch-deutsche Vereinigung in Guben beobachtete, im neuen kapitalistischen Wirtschaftssystem – er war 23 – begann, als Sicherheitsmann zu arbeiten, und heute gläubiger Muslim ist. Sein Vater arbeitete bei der Volkspolizei. Die Eltern ließen sich scheiden, als Thomas acht Jahre alt war. Thomas wuchs bei der Mutter auf. Zwar wurde er nicht getauft, aber von der Mutter christlich erzogen. Zu Weihnachten oder Ostern nahm ihn die Mutter zur Kirche mit. In der Schule

hatte Thomas die Rolle des Sonderlings inne, der von Klassen-
kameraden gemobbt und gehänselt wird. Zwei Äußerlichkeiten waren es, welche ihn zur Zielscheibe machten: Thomas
war einen Kopf größer als die anderen Kinder, und er hatte
ein Hautekzem. Das Hänseln begann mit dem ersten Schultag.
»Kinder sind ja wirklich hart. ›Krüppelkiefer, langer Lulatsch‹,
sagten die Jungs zu mir. Die Mädchen sagten es nicht, aber sie
dachten dasselbe und hielten sich von mir fern.«

Als Klassenclown, der auf Kosten der Lehrer Witze im Unterricht reißt, versuchte er Anerkennung von den anderen Kindern zu erhalten. Erfolglos: Die Mitschüler lachten zwar über
den einen oder anderen Streich, der vielfach Bestrafung seitens
der Lehrer einbrachte, doch Thomas blieb weiter in der Rolle
des Außenseiters. »Sie haben mich immer gehänselt. Es wurde
immer schlimmer. Als ich 14 Jahre alt war, taten sich mehrere
zusammen, um mich zu verprügeln. Meine Mutter ging zum
Direktor. Aber viel machen konnte man nicht.« Wenn Omar
heute an die Schulzeit denkt, erinnert er sich an den Gestank
der Teersalbe, mit der er sich wegen seines Ekzems einschmie-
ren musste, und an die weißen medizinischen Schutzhand-
schuhe. Und daran, dass viele ein Moped und Freundinnen hatten, während seine allein erziehende Mutter kein Moped für
die Kinder kaufen konnte. Menschen können verletzend sein.
Das wohl behütete Haus, in dem er Musik hören, in Büchern
blättern und fernsehen konnte, war eine Insel für Thomas. In
dieser Welt konnte man ihm nicht wehtun.

Als die Massendemonstrationen in der DDR begannen, hatte
Thomas die Schule bereits verlassen und eine Ausbildung zum
Fahrleiter bei der Eisenbahn begonnen. Doch Guben ist nicht
Leipzig oder Berlin. Die Ereignisse rauschten an ihm vorbei.
»Da waren Demonstrationen, und zu einer bin ich hingegan-
gen. Da wurden Reden gehalten. Und dann war noch einmal

ein Marsch mit Kerzen, bei dem ich mitgegangen bin. Doch eigentlich habe ich es mir in den Nachrichten angesehen. Da ist etwas passiert in Leipzig. Und das war es eigentlich schon.« Und die Erinnerung daran, wie er mit Mutter und Bruder erstmalig nach Westberlin fuhr, ist noch geblieben. »Mit der S-Bahn ging es zum Bahnhof Zoo. Dort zu einer Bank, um die 100 DM abzuholen. Ich wollte unbedingt ein Radio, das man auf der Schulter tragen kann. Damit konnte man angeben. Mutti hat dann ein Radio gekauft. Und vor der Gedächtniskirche stand ein LKW, von dem Schokolade geschmissen wurde. Da haben wir uns auch etwas geholt.«

Nach der Ausbildung war Omar arbeitslos. Von den 15 Lehrlingen, die die Ausbildung beendet hatten, erhielt nur einer eine Arbeitsstelle. Thomas jobbte als Auspackhilfe. Eine Ausbildung zum Reiseverkehrskaufmann in einer privaten Schule brach er nach einem Jahr ab, weil es mit den »Fremdsprachen haperte«. Dennoch war es ein »schönes Gefühl«, die Schule zu besuchen, ganz anders als das vorherige Schülerdasein mit Mobbing und Hänseleien. Thomas war der einzige männliche Schüler unter 32 Mädchen. »Man konnte immer zu den Mitschülerinnen gehen. Sie waren so hilfsbereit. Das hat mir sehr gefallen.« Wenn Thomas sich heute an dieses eine Jahr mit den 32 Mitschülerinnen erinnert, betrachtet er diese Zeit mit den Augen seiner Religion. »32 Mädchen. Es gab hübsche, blonde, braune, dicke, hässliche. Aber Hässliche gibt es ja eigentlich nicht. Das ist ja Auslegungssache. Das sind die Sachen, für welche der Islam mir die Augen geöffnet hat. Dass Menschen einzigartig und verschieden sind – ich wusste es vielleicht vorher schon, aber man macht sich keine Gedanken darüber.« Nach dem Abbruch der Schule erhielt Thomas Arbeit bei einem Sicherheitsdienst.

Im Jahr 1999 wird der Algerier Farid Guendoul, bekannt unter dem Namen Omar Ben Noui, nach einer Rangelei in einer

Discothek von rechtsextremistischen Jugendlichen durch die Straßen von Guben gehetzt. Verzweifelt springt er durch die Glasscheibe einer verschlossenen Haustür und verblutet. Über den Vorfall wird in den deutschen Medien berichtet. In dem späteren Prozess kommt die Mehrheit der elf Angeklagten mit leichten Bewährungsstrafen davon. Thomas kennt Täter wie Opfer. Die Täter kennt er von der Schule und das Opfer vom Asylwohnheim, in welchem er als Sicherheitsmann arbeitete. Thomas erzählt von seiner Zeit im Asylwohnheim, in dem »zu Hitlers Geburtstag stets Bundesgrenzschutz und Polizei anrücken mussten«, mit der Distanz eines Kinobesuchers zum Film. Als gehörten alle Geschehnisse in Guben zu einer fernen, fremden Welt. »Zwei Tage vorher hatte ich mich noch mit dem Algerier unterhalten. Er hatte mir ein Foto von seiner Freundin gezeigt. Er hatte Deutsch gelernt, um seine Chancen auf einen Arbeitsplatz zu erhöhen. Richtig Mühe gab er sich. Er erzählte, dass er aus dem Heim ausziehen und seine Freundin heiraten wolle. Die anderen kannte ich von der Parallelklasse. Die hingen als Clique an der Aral-Tankstelle herum. Ich war auch ab und zu bei denen. Da wurde Bier gekauft, im Auto die Musik aufgedreht. Häufig kam die Polizei wegen des Lärms. Und es war ja auch Alkohol im Spiel.« Trotz des Wunsches, »irgendwo dazuzugehören«, hält Thomas Distanz zur rechten Szene. Doch der linken Szene ist er noch ferner. »Der Rechte denkt deutsch. Ein Deutscher klaut nicht. Ein Deutscher geht arbeiten. Was machten die Linken? Die haben Drogen genommen und Steine geschmissen.«

Die Arbeit beim Kreuzberger Discounter führte zum Übergang von einer Welt zur anderen. Aus Thomas wurde Omar. Manche Wertvorstellungen und Ansichten behält er allerdings auch jetzt noch bei. Was Ordnung und Erziehung angeht, beispielsweise. Mit Zuckerbrot und Peitsche werde man

in Deutschland erzogen. Und das sei auch richtig. »Man soll Kinder nicht verprügeln, aber ein Klaps ab und zu ist in Ordnung. Man soll bei Kindern Geduld haben, aber auch nicht alles durchgehen lassen. Wenn Kinder mit den Eltern einkaufen gehen und zu heulen anfangen, kaufen die Eltern dem Kind irgendetwas. Dann hört das Kind mit dem Heulen auf. Das ist für mich keine Erziehung. Ich kann mich an einen Einkauf mit meinem Vater erinnern. Ich habe geplärrt, und er gab mir eine auf den Arsch. ›Jetzt hast du einen Grund zum Heulen‹, sagte er. Seit diesem Ereignis habe ich nie wieder geplärrt.«

Omar redet immer wieder von den vielen schönen Dingen, für welche ihm der Islam die Augen geöffnet hat. Dennoch ist er nicht blind für die aktuellen Zustände des muslimisch-deutschen Seins. So klagt er, die Muslime lebten in Ghettos und ließen die Deutschen nicht an sich heran, ebenso wie die Deutschen die Muslime nicht an sich heranließen. »Da steht so eine Mauer. Das ist wie zwischen Ost und West. Die Mauer ist im Kopf drin.« Um diese Mauer zu brechen, müsse die muslimische Minderheit den Islam gut repräsentieren und auch die Deutschen respektieren.

Omar macht sich Gedanken um die Kopftuch-Debatte an den Schulen. Bei Schülern dürfe es keine Einschränkung geben. Doch es sei verständlich, wenn an öffentlichen Schulen keine Lehrerinnen mit Kopftuch zugelassen würden. Viele Deutsche hätten Probleme damit. Die Antwort könne in der Gründung von Privatschulen, in denen auch mit Kopftuch unterrichtet werden könne, liegen. Doch staatliche Schulen müssten neutral bleiben. »Wenn man mit Ach und Krach und aller Macht versucht, den eigenen Standpunkt durchzusetzen, richtet das mehr Schaden als Nutzen an. Wir Muslime dürfen nicht vergessen, dass wir in der Minderheit sind. Wir leben nicht in einem islamischen Land.«

Omar ist streng in seinem Glauben. Strenger als andere Muslime. Er achtet auf Kleinigkeiten. »Die großen Sachen sieht jeder. Die Kleinigkeiten vergisst man schnell. Es ist zum Beispiel nicht richtig, wenn Menschen in die Moscheen gehen, nur um gesehen zu werden, und am nächsten Tag heimlich Alkohol trinken.« Omar verpasst kein Gebet. Die Pilgerfahrt nach Mekka hatte er bereits gebucht, auch wenn im letzten Augenblick wegen eines Visum-Problems die Reise nicht zustande kam. Dass er die Reise nach Saudi-Arabien nachholt, steht außer Frage. Omar trinkt keinen Alkohol, isst kein Schweinefleisch und geht nicht in Kneipen. Doch Ausgrenzung durch andere Muslime musste er schon erfahren. Etwa, wenn es um Heirat geht. »Viele interessiert es überhaupt nicht, ob man Muslim ist oder nicht. Sie stellen die Nationalität, mein Deutschsein zum Beispiel, und die Kultur über die Religion. Doch wenn man den Islam richtig lebt, braucht man keine andere Kultur. Der Islam ist die Kultur. Es ist nicht richtig, dass man ausgegrenzt wird, obwohl der Koran doch sagt, es gibt keine Unterschiede.«

Wenn Omar eines Tages heiratet, möchte er am liebsten eine Muslimin, die Kopftuch trägt, heiraten. Doch wenn seine künftige Ehefrau das Kopftuch nicht tragen möchte, wäre das für ihn auch in Ordnung. İnşallah – so Gott will – wird sie es später freiwillig tragen. Er sehe Frauen, die gute Musliminnen sind und kein Kopftuch tragen, und Frauen, die Kopftuch tragen, aber keine guten Musliminnen sind. »Trägt sie das Kopftuch mit Herz oder nur, weil die Eltern es wollen? Nur wenn es vom Herzen kommt, weißt du, dass sie eine gute Muslimin ist.« Und wenn von der Ehe geträumt wird, fallen immer wieder die Worte »Respekt« und »Vertrauen«.

An Respekt vor ihm hat es im Leben von Omar stets gemangelt. Der Gottesglaube hat ihn stark gemacht. Nun kennt er

seine »Berufung«, die ihm als freundlichem und angenehmem Zeitgenossen mit der Größe von 2,08 Metern leicht fällt. Auf dem Display seines Handys steht auf Arabisch »La ilaha illallah« – »Es gibt keinen Gott außer Gott«. Und das Handy klingelt mit »Allahu Akbar« – »Gott ist erhaben«.

Suche nach Identität

Samira, die Kopftuchträgerin aus Überzeugung

19 Jahre

Meine Mama ist aus Deutschland. Mein Papa aus Syrien. Sie haben in den siebziger Jahren geheiratet. Mein Vater war auf Weltreise und ist irgendwie in Deutschland hängen geblieben. Ich bin in Wolfsburg geboren, und seit sechs Jahren leben wir in Berlin. Auf der Straße werde ich des Öfteren für eine Türkin gehalten. Seit meiner Oberstufenzeit wird dieser Eindruck wohl noch durch mein Tragen eines Kopftuches verstärkt.

Arabisch kann ich trotz meiner Abstammung nur ganz wenig. Ich verstehe einiges, doch beim Sprechen hapert es. Ich kann gerade »Hallo« sagen. Mein Vater hat Wert darauf gelegt, dass wir gut Deutsch lernen. Mein Bruder kann besser Arabisch. Er ging auch in einen arabischen Kulturverein. Kindergarten und Vorschule besuchte ich in Wolfsburg. Die Mehrheit der Kinder waren Deutsche. Aber es waren auch polnische, italienische und türkische Kinder dabei. Es war eine schöne Zeit. Kinder verstehen sich in dem Alter so gut. Ich finde, Erwachsene können sich davon eine Scheibe abschneiden. Ich habe eine italienische Freundin, die ich im Kindergarten kennen gelernt habe. Wir waren in der Grundschule zusammen. Bis heute sind wir in Briefkontakt. Nette Lehrer hatten wir in der Grundschule. Es kann überhaupt nicht die Rede davon sein, dass man ausgegrenzt wurde, weil man anders war. Ich hatte auch nie das Gefühl, anders zu sein

als die anderen. Syrien war mir fremder. Zuletzt waren wir vor fünf Jahren in Syrien. Auch in dem Dorf, in dem mein Vater geboren ist. Dort gibt es jede Menge Cousinen und Freundinnen. Sie haben mir das Tanzen beigebracht. Es ist schön, abends am Euphrat zusammen Tee zu trinken. Irgendwie haben wir uns mit Händen und Füßen verstanden. Aber wenn man älter wird, macht es einem zu schaffen, dass man die Sprache nicht spricht. Als Kind fand ich es ganz toll. Je älter man wird, desto schwieriger wird es. Dann langweilt man sich auch manchmal. Ich weiß nicht, ob ich jemals die Gelegenheit haben werde, Arabisch zu lernen.

Kleine Ärgernisse hat es immer schon gegeben. Wenn man angemacht wird mit den Worten »Haut ab, ihr Türken« oder wenn Motorradfahrer im Vorbeifahren »Heil Hitler« grölen. Aber richtig schlimm war die Zeit, als wir von Wolfsburg nach Neukarow bei Berlin umgezogen sind. Auf dem Tischtennisplatz wurde mein Bruder von Jugendlichen angegriffen: »Der Spielplatz ist nur für Deutsche. Hol mal Stechwerkzeug zum Abschlachten.« Papa war auf dem Balkon, als dies passierte, und kam sofort rüber zum Spielplatz. Es gab Gegröle und Geschrei. Wir haben auch die Polizei geholt. Ein anderes Mal haben Leute einen Kampfhund auf meinen Bruder gehetzt. Er konnte sich im letzten Augenblick in eine Wohnung retten. Für mich lief es in der Schule – ich war in der siebten Klasse – nicht gut. Ich hatte einen Mathelehrer, der mich die ganze Zeit ignoriert hat. Ich konnte mich melden und alles Mögliche machen. Er nahm mich nicht zur Kenntnis. Wenn er die Anwesenheitsliste verlesen hat, hat er meinen Namen einfach übersprungen. Auch ein Gespräch mit der Klassenlehrerin hat nichts genutzt.

Das alles passierte bloß, weil ich einen Namen hatte, der halt anders ist als die anderen deutschen Namen. »El Mouhamed.

Eh, was ist das für ein Name?«, hieß es immer wieder. Auch von Schülern kamen Beleidigungen. »Geh ins Türkenland«, »Negerin«. Ich bin ein harmonischer Typ. Aber die Schule in Neukarow hat mir zu schaffen gemacht. Ich habe ganz oft gefehlt. Nicht, weil ich krank war. Sondern weil ich die Schule nicht ertragen konnte. Mama war oft in der Schule und sagte eines Tages: »Das war doch nicht so gut mit der DDR.« Mama ist in Ostberlin groß geworden. Wir sind dann in den Berliner Stadtteil Wedding umgezogen. Bis zur Zehnten kam ich an die Willy-Brandt-Gesamtschule. Ich bin dort richtig aufgeblüht. Dort waren Schüler aus ganz vielen Nationen. Aus Sri Lanka, aus der Türkei, aus Russland, aus afrikanischen Ländern. Es gab auch eine türkische Sozialarbeiterin. Ich glaube, der Unterschied war der, dass die Lehrer nicht so unbeholfen waren wie in Neukarow. Die Lehrer kannten sich mit anderen Kulturen besser aus. Es wurde auch mal nachgefragt. »Wie ist das mit dem Fasten im Islam?« Es war Interesse da. Zur Oberstufe bin ich dann an die Carl-von-Ossietzky Schule in Kreuzberg gegangen. Auch dort sind Schüler vieler Nationen.

In der elften Klasse habe ich kein Kopftuch getragen. Ich habe mich erst im zwölften Schuljahr während der Herbstferien entschlossen, das Kopftuch zu tragen. Bei mir ist die Entscheidung ganz langsam gewachsen. Ich habe viele Bücher über den Islam gelesen. Ich habe Antworten darauf gesucht, was für eine Religion der Islam ist. Gebetet habe ich schon, bevor ich das Kopftuch getragen habe. Mein Eltern haben mich nie zu irgendetwas gedrängt. Es war meine freie Entscheidung. Wenn man mich fragt, was ich mit gläubig sein verbinde, fallen mir zuallererst zwei Begriffe ein: Frieden und Harmonie. An der Schule war das Kopftuch überhaupt kein Problem. Es war weder den Lehrern noch den Mitschülern befremdlich. Viele Lehrer haben überhaupt nicht gefragt. Mit anderen habe ich

über meine Entscheidung geredet. Und auch im Verhalten der Mitschüler war kein Unterschied zu spüren. Ich bin so geblieben, wie ich war. Meine Art ist doch die gleiche. Um ganz sicher zu gehen, habe ich sogar Mitschüler gefragt. »Habe ich mich verändert?« Alle verneinten. Ich bin die gleiche Samira. Wenn sich Freunde wegen des Kopftuches von mir abgewandt hätten, hätte das doch nur gezeigt, dass sie keine wahren Freunde sind. Aber so etwas ist eben nicht passiert. Das Kopftuch hat keine Veränderung gebracht. Wir sitzen immer noch gemischt, auch der Sportunterricht ist gemischt. Das ist alles kein Problem.

Es gibt jedoch viele Mädchen, die ein Kopftuch, aber den Glauben nicht im Herzen tragen. Das Kopftuch ist dann nur eine leere Hülse. Sie haben keinen Respekt vor den Lehrern, sie fluchen, haben womöglich eine Zigarette im Mund und gebrauchen stets die Floskel »Ich schwöre auf den Koran«. Wenn man ein Haus baut, kann man nicht mit dem Dach anfangen. Wenn der Glaube nicht im Herzen verankert ist, bedeutet das Kopftuchtragen überhaupt nichts. Solche Mädchen tragen das Kopftuch vielleicht nicht aus eigenem Willen, sondern weil die Eltern es so wollen. Ich gehe jeden Freitag mit Mama in die Moschee des deutschen Muslim-Kreises. Es ist eine Gemeinde deutscher Muslime. In die arabischen und türkischen Moscheen gehe ich nicht so gerne, da dort auf Arabisch gepredigt wird. Was ich nicht verstehe. In der Moschee, in die wir gehen, gibt es viele Vorträge, zu denen auch deutsche Nicht-Muslime kommen. Es geht da um Globalisierung, die Frau in der Gesellschaft oder Jugendkriminalität. Mein Vater schaut sich zu Hause manchmal den arabischen Sender Al Dschasira an. Ich mag den Sender überhaupt nicht: Diese Bilder verbreiten Propaganda. Wenn man Frauen sieht, die in der einen Hand den Koran, in der anderen Hand eine Kalaschnikow tragen, dann wird der Koran ganz klar falsch verstanden. Man muss

sich schon die Mühe machen und den Koran ganz lesen, um einzelne Begriffe nicht dem Zusammenhang zu entreißen. Oft passiert das mit dem Begriff »heiliger Krieg«.

Ich weiß wirklich nicht, warum es in Deutschland diese Kopftuch-Debatte gibt. Warum haben die Menschen Angst vor einem Tuch? Ich tue doch niemandem etwas. Es ist schade um die vielen Frauen, die studieren und die dann hinterher nicht in ihrem Beruf arbeiten können. Ein Studium kostet viel Kraft. Im Koran steht, dass man sich aus eigener Hand ernähren soll. Muslimischen Frauen sollte man dieses Recht nicht verwehren. Aber man muss auch kämpfen, sich dafür einsetzen. Die Frauenbewegung der sechziger Jahre in Deutschland hat vieles geleistet und auf das Recht der Frauen gepocht.

Jüngst bin ich mit Schülern unserer Schule und Schülern aus Marzahn nach Auschwitz gefahren. Auf der Hinfahrt hat ein Mädchen zu mir gesagt: »Ich möchte nicht mit einem kopftuchtragenden Mädchen in einem Bus fahren.« Einfach so. Ich hatte mich auf die Fahrt vorbereitet, las Broschüren von der Bundeszentrale für politische Bildung, lieh in der Mediothek Bücher und die ZDF-Serie »Ärzte unter dem Hakenkreuz« aus. Es war schrecklich, was ich in Auschwitz gesehen habe. Ich habe Fotos gemacht. Aber ich kann sie nicht anschauen. Die Fotos mit ausgehungerten Kindern, der Schaukasten mit Babysachen der ermordeten Kinder. Alles war schrecklich. Selbst den Jungs unserer Schule standen Tränen in den Augen. Dagegen schien es für viele Schüler, die aus Marzahn kamen, nur eine bessere Klassenfahrt zu sein, eine billige Reise nach Polen. Ich verstehe das nicht. Sie waren ganz schnell mit den Rundgängen fertig und warteten stets am Bus. Ist das nicht sonderbar und ignorant?

In Syrien möchte ich nicht leben. Es ist jetzt zwar moderner. Es gibt Internet-Shops, es gibt Discotheken. Aber ein Erlebnis

hat mich sehr befremdet. Ein Behinderter bettelte um Geld. Ein Mann kam aus der Moschee und hat den Behinderten angespuckt. Das muss man sich mal vorstellen. Der Mann kann noch so oft in die Moschee gehen. Er trägt den Glauben nicht im Herzen. Ich habe überhaupt den Eindruck, dass viele Araber sich denken, »Ich bin im Islam geboren«, und ruhen sich darauf aus. Ich glaube, Menschen, die zum Islam konvertieren, setzen sich viel mehr mit der Religion und dem Koran auseinander. Ich lebe gerne in Deutschland. Berlin ist besser als Wolfsburg. Und Kreuzberg ist besser als Wedding. In Kreuzberg oder auch am Prenzlauer Berg kann man einfach gehen, ohne dass jemand dumm guckt. Man kann bunt sein, Kopftuch tragen – niemand guckt hin. Du wirst wahrgenommen. Aber eben nicht argwöhnisch.

Ich würde gerne Erziehungswissenschaften studieren. Und am liebsten würde ich anschließend in einem Behindertenheim arbeiten. In der Nähe unserer Wohnung in Wolfsburg war eine Behindertenwerkstatt. Sie lag an einem Wald. Ich war vielleicht acht oder neun Jahre alt. Ich war ganz oft dort. Ich habe viel Spielzeug verpackt und verschenkt. Sie waren älter als ich, aber ganz schön verspielt. Sie waren so herzlich. Wenn jemand im Rollstuhl sitzt, verurteilt er Menschen nicht, die anders sind.

Wenn ich heirate, sollte der Mann Muslim sein. Ich glaube, jemand aus einer Mischehe wäre ganz gut. Ich bin in der deutschen und der arabischen Kultur groß geworden. Ich glaube, man neigt dazu, sich bei der Identitätssuche die positiven Seiten herauszusuchen. Wenn ich jemanden heirate, dann muss er bereit sein, über den Tellerrand zu schauen.

Kontinuität der Traditionen
Maria, die levantinische Musiklehrerin

46 Jahre

Ich bin 1958 geboren. Meine Großmutter mütterlicherseits ist Griechin, meine Großmutter väterlicherseits stammt aus Österreich-Ungarn, und meine Großväter sind Italiener. Wir sind Levantiner, ein Begriff für die westlichen Christen, die sich, aus Italien kommend, im östlichen Mittelmeerraum angesiedelt haben. Unter dem osmanischen Sultan Süleyman, dem Prächtigen, erhielten Christen Handelsprivilegien. Sie zogen nach Anatolien, trieben Handel und richteten sich ihr Leben ein. Wir sind die Nachkommen. Mein Vater erzählte mir eines Tages die Geschichte, dass seine Vorfahren wegen eines Erbstreits in Florenz ins Osmanische Reich zogen. Ich weiß natürlich nicht, ob diese Geschichte stimmt.

Mein Großvater war auf jeden Fall Mitglied der Republikanischen Volkspartei, jener politischen Kraft, die 1923 die Türkische Republik gegründet hat. Ein Freund meines Vaters meinte, Monsieur Georgio Korsini höre sich zu Italienisch an. Auf jeden Fall änderte mein Großvater später seinen Nachnamen in Epik, das die Bedeutung »geschickt, gewandt« haben soll. Ich denke nicht, dass politischer Druck dahinter steckte. Mein Großvater war der einzige Levantiner in Izmir, der seinen Nachnamen geändert hat. Muslime mit meinem jetzigen Nach-

namen – Epik – gibt es viele in Izmir. Mir gefällt die damalige Änderung des Nachnamens nicht. Natürlich habe ich mich an meinen Nachnamen gewöhnt, aber ich glaube, man soll seine Identität bewahren. Jüngst hatte ich ein Erlebnis, das mich in dieser Überzeugung bestärkt hat.

Seit einiger Zeit empfangen wir mit einem digitalen Receiver italienische Fernsehprogramme. In Izmir konnte man immer schon griechisches Fernsehen empfangen, aber italienisches Fernsehen gibt es erst mit der neuen Technologie. Im Fernsehen lief eine Quiz-Sendung. »Welche der folgenden Personen ist nicht Namensgeber eines italienischen Flughafens? – Verdi, Puccini, Rossini, Michelangelo, da Vinci, Marco Polo, Magellan.« Die großartigen Leistungen dieser Menschen gingen mir durch den Kopf: Es waren Musiker, Entdecker, Forscher, Bildhauer und Maler. Sind sie nicht auch Teil meiner Geschichte, meiner Identität? Ich bin sehr türkisch erzogen worden. Sowohl in der Schule als auch durch meinen Vater. Zu den Nationalfeiertagen hängte mein Vater stets die türkische Nationalflagge aus dem Fenster. Wenn ich sagte, ich sei türkische Staatsbürgerin italienischer Abstammung, protestierte mein Vater immer: »Warum sagst du so etwas? Du bist Türkin.« Die Erziehung oblag meinem Vater. Als ich drei Jahre alt war, starb meine Mutter. Meine Großmutter väterlicherseits starb, als ich elf war. Sie hatte es verboten, zu Hause Türkisch zu sprechen. Zu Hause wurde Französisch gesprochen. Diese Entscheidung hatte meine Großmutter nicht aus Chauvinismus getroffen oder weil sie etwa die Türkei nicht liebte. Der Grund war einfach, dass ich Türkisch ohnehin in der Schule und auf der Straße lernte. Heute bin ich meiner Großmutter dankbar für diese Entscheidung, die dem Zweck diente, mehrere Sprachen zu lernen. Mein Vater wiederum war sehr auf eine türkische Erziehung bedacht. Ich bin, ebenso wie mein Bruder, auf eine türkische

Grundschule gegangen. Das hat natürlich Auswirkungen auf mein Italienisch gehabt. Wäre ich auf eine italienische Schule gegangen, könnte ich viel besser Italienisch. Heute merkt man mir an, dass ich Italienisch nicht so gut sprechen kann wie eine Italienerin. Ich empfinde dies als Verlust.

Meine ganze Kindheit und Jugend hindurch spürte ich, dass ich anders war als die Mehrheit in dieser Gesellschaft. Andere Schüler nahmen zum Beispiel am freiwilligen islamischen Religionsunterricht teil. Ein muslimischer Schüler hatte – wohl im Unterricht – das islamische Glaubensbekenntnis auf Arabisch auswendig gelernt. Ich sollte es nachsprechen und wusste doch gar nicht, worum es ging! Gut, das sind Kindereien. Aber irgendwie hat es mich getroffen. Erst in den letzten Jahren setze ich mich verstärkt mit meiner Identität in dieser Gesellschaft auseinander. Das Schlüsselerlebnis war ein politischer Vorfall 1997. In Ankara demonstrierten damals Muslime gegen die Einführung der achtjährigen Schulpflicht, die das Abschaffen der religiösen Mittelschulen zur Folge hatte. Eine junge Frau zog aus ihrer Tasche ein Atatürk-Foto und hielt es den Demonstranten entgegen. Diese Protestaktion gegen die Demonstranten wurde zum großen Medienereignis. Immer wieder wurde die Szene im Fernsehen gezeigt. Und das Foto war auf der ersten Seite der Zeitungen. Die junge Frau wurde in den Medien gefeiert. Die Journalisten rissen sich um Interviews. Ich habe die junge Frau im Fernsehen sofort erkannt. Sie ist meine Verwandte Chantal Zakari. Natürlich blieben auch Gegenreaktionen nicht aus. Während ein Teil Chantal feierte, verdammten die anderen sie. Der damalige Bürgermeister von Izmir, Burhan Özfatura, sagte sinngemäß: »Wo kommen wir hin, wenn jemand wie sie Atatürk verteidigt? Sie sollte dankbar sein, dass sie einen türkischen Pass hat.« Ich war entsetzt. Es war ein Schlag ins Gesicht. Ich setzte mich hin und schrieb

einen offenen Brief an den damaligen Staatspräsidenten Süleyman Demirel. In unserem Haus gibt es eine schöne Sitte, schrieb ich, mein Vater gratuliert allen Nachbarn zu Ramadan und zum Opferfest. Unsere Nachbarn gratulieren uns zu Ostern und Weihnachten. Sie als Staatspräsident müssen auch zu den Festen der Juden und Christen gratulieren, damit Menschen wie Herr Özfatura nicht davon ausgehen, dass nur Muslime in diesem Land leben. Mein offener Brief wurde unter anderem in der Tageszeitung »Milliyet« veröffentlicht. An dem Tag, als mein Brief in der Zeitung stand, waren mein Onkel und meine Tante zu Besuch, und ich habe ihnen den Brief vorgelesen. Ich erinnere mich noch ganz genau an die Worte meines Vaters, der wenige Monate später gestorben ist: »Maria ist mutig.« Ich habe lange über diese Worte nachgedacht. Warum mutig? War es nicht ganz einfach staatsbürgerliche Pflicht? Warum gehört Mut dazu, so etwas auszusprechen? Warum sollte es Gründe zur Zurückhaltung geben? Gab es Vorfälle im Leben meines Vaters, von denen ich nichts weiß? Sind sie vielleicht der Grund dafür, dass er auf eine türkische Erziehung bei mir bestanden hat?

Zwischen den Stühlen zu sitzen ist schwierig. Doch ich bin nicht zwischen Italien und der Türkei oder zwischen Griechenland und der Türkei hin- und hergezerrt. Dieses Land, die Türkei, ist mein Land. Ich werde hier von Menschen geachtet und geliebt. Aber als jemand, der zu diesem Land gehört, fühle ich manchmal auch, dass manche mich nicht akzeptieren. In meinem alten Personalausweis wurde das Viertel, in dem ich wohnte, noch als »lateinisch-katholisches Quartier« bezeichnet. Erst später wurde es in Güzelyurt umbenannt. Ein Beamter in der Meldebehörde hatte sich damals über die Bezeichnung lustig gemacht. Er hätte Prügel verdient. Es sind Kleinigkeiten, aber sie offenbaren anschaulich die Denke einiger, die zu

Ausgrenzung führen kann. Mit dem Vornamen Maria kommen ohnehin schon Fragen auf. »Woher kommen Sie? Wie kommt es, dass Sie so gut Türkisch sprechen?« Ich habe übrigens nur den türkischen Pass, keinen italienischen.

Ich bin heute 46 Jahre alt. Die Musik hat mich ein Leben lang begleitet. Mit elf habe ich angefangen, Gitarre zu spielen. Mit zwölf habe ich mein erstes Stück komponiert. Heute führe ich eine Musikschule, die rund 350 Schüler unterrichtet. Klavier, Geige, Gitarre – verschiedene Instrumente. Vor 14 Jahren habe ich ganz klein angefangen, in einem 60-Quadratmeter-Raum. Heute hat unsere Schule 600 Quadratmeter. Damals waren es eine Hand voll Lehrkräfte, heute sind wir 25. Ich glaube, die Musik und die Kirche waren meine Hauptverbindung zu Sprachen. Ich habe als kleines Kind so viele Lieder in verschiedenen Sprachen auswendig gelernt und gesungen. Die Messe wurde nur auf Italienisch oder Französisch gehalten. Ich bin katholisch erzogen worden, und zu Hause bete ich jeden Morgen. Mein Vater ging jeden Sonntag in die Kirche und stand stets dem Priester zur Seite. Seit dem Tod meines Vaters und von Monsieur Alexander, der auch den Priester unterstützte, helfe ich dem Priester. Ich betrachte dies als selbst auferlegte Pflicht. Zudem lasse ich keinen Sonntagsgottesdienst aus. Es ist die Kirche, in der mein Vater getauft wurde. Ich bin mir sicher, dass diese Kirche einst voller gläubiger Menschen war. Heute kommen vielleicht zehn Menschen zum Sonntagsgottesdienst. Die Prioritäten verschieben sich, je älter man wird. Heute ist die Kirche für mich wichtig. Ebenso wichtig ist es mir, dass ich in der italienischen Grundschule Musikunterricht gebe. Ich fühle mich der italienischen Schule verpflichtet. Früher lag mir dies alles nicht so am Herzen.

Religion heißt für mich auch Kontinuität der Traditionen. Es ist schön, wenn Rituale gepflegt werden. Da ist die Rede von

Frieden, von Gutes tun, von Barmherzigkeit. Ich bin traurig, wenn ich daran denke, dass viele Dinge verloren gehen. Während meiner Universitätszeit, Anfang der achtziger Jahre, war der Militärputsch. Es waren schreckliche Zeiten. 1981 ging ich für drei Jahre in die USA. Es hat mir nicht gefallen. Die Türkei, ihre Menschen und Schönheiten, habe ich sehr vermisst. Des Öfteren denke ich darüber nach, wie es wohl gekommen wäre, wenn ich statt in die USA in ein anderes europäisches Land gegangen wäre. Sehr wahrscheinlich hätte ich mich dort niedergelassen. Doch als gläubiger Mensch glaube ich an das Schicksal. Vielleicht habe ich hier eine Mission: die Schule und die Musik. Ich glaube, ich bin hier nützlicher für die Gesellschaft als anderswo. Es gibt so viel zu tun.

Während meiner Kindheit wurden Schüler an Minderheitenschulen, die nach dem Lausanner Friedensvertrag eingerichtet worden waren, mit bürokratischen Hindernissen konfrontiert. Das Grundschuldiplom wurde eine Weile lang nicht anerkannt, so dass viele nach vier Jahren auf einer italienischen Schule an eine türkische Schule wechselten. Heute hat sich das geändert. Aber letztendlich war diese Politik dafür verantwortlich, dass mein Vater mich auf eine türkische Schule geschickt hat. Heute gibt es Fernsehsendungen auf Kurdisch, auf Zaza, auf Bosnisch. Wenn es solche Zustände in meiner Kindheit gegeben hätte, hätte es sicherlich auch französische und italienische Sendungen gegeben. Das Wissen über die Wurzeln und die Identität macht glücklicher. Viele Levantiner, viele Juden und Griechen sind weggezogen, weil sie damals keine Zukunft in der Türkei sahen. Nun haben sie Kinder, Enkelkinder und werden wohl nicht zurückkommen. Doch ich bereue nicht, dass ich geblieben bin.

Das Rad der Geschichte lässt sich nicht zurückdrehen. Ich habe jüngst ein Lied über den Bevölkerungsaustausch zwi-

schen Griechenland und der Türkei getextet und komponiert – auf Türkisch und Griechisch. 1922 wurden anatolische Griechen aus der Türkei nach Griechenland und Türken aus Griechenland in die Türkei verbannt. Diese Menschen haben sehr gelitten. Aber es ist nicht ganz korrekt, mit dem Demokratieverständnis des Jahres 2004 über Dinge zu urteilen, die fast ein Jahrhundert früher passiert sind.

Die Türkei, dieses Land, in dem ich lebe, ist mein Land. Gut, ich gehöre einer religiösen Minderheit an. Man kann sich jedoch auch in der Minderheit fühlen, obwohl man Muslim ist. Es gibt eine neue Art von Minderheit in der Türkei. Der Liebhaber klassischer Musik, der die populäre Musik, die er auf Straßen hört, nicht erträgt. Derjenige, der die Stadtkultur gegen die Übernahme der Dorfkultur verteidigt. Viele meiner Freunde gehören solchen Arten von Minderheiten an. Die Mehrheit meiner Freunde sind Muslime. Selbst wenn wir in unserer Familie zu Weihnachten zusammenkommen, sind mehr Muslime als Christen da. Die Töchter meiner Schwester und meiner Tante sind mit Muslimen verheiratet. Die Kinder sind im Meldeamt als Muslime registriert. Das heißt, ich gehöre selbst in der Familie einer Minderheit an. Zu Weihnachten und am Jahrestag des Todes ihres Großvaters gehen meine Neffen und Nichten in die Kirche. Mehr Beziehung zum Christentum haben sie nicht. Doch auch zum Islam haben sie keine Beziehung. Eigentlich haben sie mit Religion nichts am Hut.

Muslim sein in Deutschland

■■■ Deutschland ist ein säkularer Staat, der allen Religionen gegenüber zur Neutralität verpflichtet ist ■■■ Religionsfreiheit ist im Grundgesetz verankert ■■■ Es gibt ca. 3,2 Mio. Muslime in Deutschland, davon ca. 1,8 Mio. türkischer Herkunft (2004) ■■■ Ca. 10 % sind in islamischen Organisationen und Vereinen organisiert (2004) ■■■ Der Islam ist nach den christlichen Glaubensgemeinschaften die drittgrößte Religion in Deutschland ■■■ Die mitgliedsstärksten Organisationen türkischstämmiger Muslime sind die Türkisch-Islamische Union der Anstalt für Religion e.V. (DİTİB), die Islamische Gemeinschaft Milli Görüş e.V. (İGMG) und der Verband der Islamischen Kulturzentren e.V. (VİKZ) ■■■ Nach einer Umfrage (2003) bezeichneten sich 20 % der türkischstämmigen Muslime in NRW als »streng religiös« ■■■ An Deutschlands Schulen werden über 700 000 muslimische Schülerinnen und Schüler unterrichtet (1999) ■■■ Die Bundesländer handhaben die Einführung islamischen Religionsunterrichts an öffentlichen Schulen sehr unterschiedlich; seit 1999 läuft z. B. in NRW ein Modellversuch zur »Islamischen Unterweisung in deutscher Sprache« ■■■ Ab dem Wintersemester 2004 werden an der Universität Münster erstmalig islamische Religionslehrer ausgebildet ■■■ Das Tragen eines Kopftuches in der Öffentlichkeit und in öffentlichen Gebäuden ist grundsätzlich Teil der freien Persönlichkeitsentfaltung und der Religionsfreiheit ■■■ Das Bundesverfassungsgericht urteilte am 24. 9. 2003, ein Kopftuch-Verbot für Lehrerinnen an öffentlichen Schulen falle in die Länderzuständigkeit ■■■ Nach dem 11. September 2001 ist im Zuge der Diskussion um die innere Sicherheit in Deutschland das Misstrauen gegenüber Muslimen und ihren Organisationen deutlich gestiegen **(bk)**

Christ sein in der Türkei

■■■ In der Türkei leben ca. 68 Mio. Menschen (2003); davon sind ungefähr 99% muslimischen Glaubens ■■■ Die türkische Verfassung garantiert die Religionsfreiheit; in staatlichen Einrichtungen erfährt sie Beschränkungen hinsichtlich Bekleidungsvorschriften, z.B. kein Kopftuch an Universitäten ■■■ Religion und Politik sowie öffentliches Leben sind streng voneinander getrennt (Laizismusprinzip) ■■■ Muslime, die zum Christentum konvertieren, erfahren oft soziale Ächtung und Diskriminierung am Arbeitsplatz (z.B. Richter, Staatsanwälte, Armeeangehörige) ■■■ Im Oktober 2002 verabschiedete die Regierung erstmalig seit 1936 eine Verordnung, die es nichtmuslimischen Stiftungen erlaubt, Eigentum und Grund und Boden zu erwerben ■■■ Das neue, im März 2003 in Kraft getretene Gesetz über die Arbeitserlaubnis für Ausländer (Gesetz Nr. 4817) ermöglicht es nichttürkischen Geistlichen, eine, zunächst zeitlich beschränkte, Arbeitserlaubnis zu erwerben ■■■ Die Verbreitung nichtmuslimischen religiösen Informationsmaterials und Missionsarbeit ist nicht gesetzwidrig, stößt in der Praxis aber immer wieder auf Restriktionen ■■■ Vandalismus gegenüber christlichen Einrichtungen ist wiederholt vorgekommen ■■■ Islamisch orientierter Unterricht religiösen und moralischen Inhalts ist an den achtjährigen Volksschulen obligatorisch ■■■ Mitglieder der drei staatlich geschützten Minderheiten (Juden, Griechisch-Orthodoxe und Armenisch-Orthodoxe) sind per Gesetz vom Religionsunterricht befreit; Mitglieder anderer religiöser Gruppen können auf Antrag befreit werden ■■■ In Großstädten gibt es einige nichtmuslimische Friedhöfe ■■■ Erstmals wird in Alanya der Bau einer neuen christlichen Kirche geplant; bestehende Kirchen können renoviert werden (2004) ■■■ Die Religionszugehörigkeit wurde bis 2004 in türkische Personalausweise eingetragen; seither ist die Angabe fakultativ **(bk)**

anders sein and anders sein anders sein anders sein anders sein anders sein anders sein anders sein anders sein anders sein anders sein anders sein anders se

anders sein anders sein anders sein anders sein anders sein
anders sein anders sein anders sein anders sein
anders sein anders sein anders sein anders sein anders
anders sein anders sein anders sein anders sein anders
anders sein anders sein anders sein anders sein anders

kurdisch sein

anders sein anders sein anders sein anders sein anders
anders sein anders sein anders sein anders
anders sein anders sein anders sein anders sein anders sein
anders sein anders sein anders sein anders sein anders
anders sein anders sein anders sein anders sein anders sein
anders sein anders sein anders sein anders sein anders

Patriotische Patriarchen

Nurcan, die politische Sängerin

30 Jahre

Ich war ein Jahr alt, als meine Eltern aus dem kurdischen Diyarbakır nach Istanbul kamen. Unsere Eltern haben immer Türkisch mit uns geredet. Das wenige Kurdisch, das ich als Kind gelernt habe, kommt von meiner Großmutter väterlicherseits. Sie konnte nämlich überhaupt kein Türkisch. Immer, wenn sie bei uns zu Besuch war, sprach sie mit uns Kurdisch. Bestimmte Worte bleiben im Gedächtnis. Groß geworden bin ich aber mit Türkisch. Ich erinnere mich an Situationen, in denen unsere Eltern heimlich miteinander redeten. Wenn wir Kinder nichts verstehen sollten, dann haben sie einfach auf Kurdisch miteinander gesprochen, noch dazu in dem Dialekt von Diyarbakır. Es war unmöglich zu verstehen.

In dem Viertel in Istanbul, in dem wir wohnten, haben zum damaligen Zeitpunkt kaum Kurden gelebt. Wenn wir in den Krämerladen in unserem Viertel gingen, hieß es immer wieder: »Schaut, die kurdischen Mädchen sind da.« Immer hörte ich »Kurden. Kurden. Kurden«. Es hat mich irgendwie verletzt. Dabei waren die Inhaber des Krämerladens auch keine Türken, sondern in die Stadt zugewanderte Lasen. Hinzu kommt, dass wir halt eine sehr große Familie waren. Es mag unsinnig klingen. Aber der Umstand, dass wir so viele Geschwister waren,

hat mir ungeheuer zu schaffen gemacht. Ich habe als Kind niemandem sagen wollen, dass wir sieben Geschwister sind. Ich habe immer weniger angegeben. Meine große Schwester zum Beispiel war verheiratet und lebte in Diyarbakır. Sie habe ich nie mitgezählt. Ich habe je nach Situation gesagt, wir seien vier oder fünf Geschwister. Die anderen Kinder im Viertel hatten einen Bruder oder eine Schwester. Und du sollst sagen: »Wir sind sieben.« Ich habe mich immer geschämt. Es kam mir so unzivilisiert vor. Es gab andere Viertel in Istanbul, Okmeydanı und Gazi zum Beispiel. Dort lebten viele Kurden, weswegen kurdische Familien mit vielen Kindern dort zur Normalität gehörten. Jedoch nicht in unserem Viertel.

Mein Bruder heiratete mit 17 Jahren. Sie konnten sich keine Bleibe leisten. Also lebte seine Frau auch in unserer Dreizimmerwohnung. Zu fünft in einem Zimmer! Da wurden abends die Matratzen ausgerollt, und man lag nebeneinander. Es gab nichts, das du dein Eigen nennen konntest. Hinzu kamen die ganzen Verwandten. Wir gehörten zu den Ersten, die nach Istanbul gezogen sind. Aus Neugier hatten wir ständig Verwandte aus Diyarbakır zu Besuch. Jeder klingelte an der Haustür. Diese kurdische Gastfreundschaft!

Die Lehrerin meiner Schwester Bircan, die in unserem Wohnblock wohnte, hat immer Mitleid mit ihr verspürt. Es gab einen klitzekleinen Tisch, an dem Bircan versuchte, Hausaufgaben zu machen. Nachdem die Frau meines Bruders ein Kind bekommen hatte, spielten sich solche Situationen ab: Meine Schwester Bircan versucht, Hausaufgaben zu machen. Mein Neffe schreit, zerrt an ihr und wirft die Schulhefte in der Gegend herum.

Ich hatte als Kind richtig die Nase voll von den Verwandten. »Hätte ich bloß nicht so viele Verwandte« und »Hoffentlich kommen nicht all diese Verwandten zu Besuch«, ging immer

wieder durch meinen Kopf. Die anderen Kinder im Viertel hatten ein geregeltes Leben: Frühstück, Mittagessen, Zeit für Hausaufgaben, Abendessen. All so etwas gab es bei uns nicht.

Meine Einschulung war auch ein Problem. Mein Geburtsdatum im Personalausweis stimmt nicht. Als Geburtsjahr ist 1975 angegeben, dabei bin ich 1974 geboren. Einschulungsprobleme wie diese hatten damals viele Kinder in der Türkei. Ich wurde wegen des Fehlers im Personalausweis nicht rechtzeitig zur Schule zugelassen. Mein Vater hat einiges versucht. Durch Gerichtsurteil wollte man das falsche Geburtsdatum ändern. Es klappte nicht. Daraufhin schickte mich mein Vater mit Marlboro-Zigaretten, die damals begehrte Schmuggelware waren, in die Schule. »Diese Zigaretten hat mein Vater geschickt, damit ich in die Schule aufgenommen werde.« »Hau ab, dein Vater muss kommen«, hieß es.

Letztendlich war ich neun Jahre alt, als ich endlich zur Schule gehen durfte. Schuluniform und Schulranzen habe ich von meiner älteren Schwester Bircan übernommen. Im zweiten, dritten Schuljahr war ich bereits ein hochgewachsenes junges Mädchen. Das hat mir sehr zu schaffen gemacht. Es gab die Sitte, dass alle Schüler in der Reihe stehen mussten, bevor der Unterricht in der Klasse begann. Wir waren aufgeregt. Bei der Zeremonie waren die Eltern anderer Kinder anwesend, und es kamen Sprüche: »Schau dir dieses große Mädchen an. Was hat die hier zu suchen? Ist die sitzen geblieben?« Der Lehrer hatte das mitgekriegt. Ich durfte dann sofort in die Klasse rein, ohne mich in der Reihe aufzustellen. Der Lehrer hat das gemacht, um mich zu schützen. Ich war eine gute Schülerin in der Grundschule. Aber einfach zu groß, zu alt. Nach der Grundschule habe ich aufgehört. Ich habe erst viel später das Diplom der Mittelschule nachgeholt. Ich habe Unterricht in Bağlama-Gitarre und Gesangsunterricht genommen.

Es waren die neunziger Jahre, die mich politisierten. Mein Vater hielt sich immer abseits der Politik. Doch es kamen Onkel aus Diyarbakır. All das, was in den kurdischen Gebieten vonstatten ging, berührte mich. Da wurden Dörfer abgebrannt und Menschen vertrieben. Ein Cousin, den ich sehr liebte, ging zur Guerilla. Es war dieses Gefühl des Unterdrücktseins, gepaart mit den Erzählungen von Verwandten und Freunden, die politisches Interesse in mir weckten. Mitte der neunziger Jahre bin ich zum Mesopotamischen Kulturzentrum in Istanbul gegangen und habe dort Kurse und politische Veranstaltungen besucht. Das war alles heimlich. Die Familie durfte nichts mitkriegen. Die Mutter war die Autorität, die gegenüber den Kindern alles bestimmte. Als Mädchen wirst du doppelt unterdrückt. Bei Jungen ist man vielleicht bereit, ein Auge zuzudrücken, bei Mädchen nicht. Meine Schwester Bircan und ich waren damals nicht als Individuen anerkannt. Heute ist das anders. Meine Schwester hat die Universität abgeschlossen, und ich bin immerhin in einer Musikgruppe, die öffentlich Konzerte gibt und deren CDs erscheinen. Aber bis dahin war es ein langer, steiniger Weg. Ein ständiger Kampf um Akzeptanz.

Die Zeit beim Mesopotamischen Kulturzentrum hat mich verändert. Dort fing ich an, in einer Musikgruppe mitzuwirken. Heute sind wir eine professionelle Musikgruppe mit politischem Anspruch. Man liebt Musik, man hört sich kurdische Kassetten an. Man ist Kurdin und will Musik in seiner eigenen Sprache machen. Man fühlt sich jedoch wie jemand, der zu spät gekommen ist. Man hat die Sprache nicht richtig lernen können. Man möchte etwas bewirken. Wir waren wie Stadt-Guerilleros. Ich sagte mir, für die kurdische Sache brauchen wir auch Ärzte, Lehrer, Musiker. Damals war es so, dass wir nach jedem Konzert zuerst einmal festgenommen wurden. Das hat unseren Willen nur bestärkt, dass wir etwas Richtiges tun. In

die kurdischen Gebiete zu reisen war damals während des Krieges, als der Ausnahmezustand herrschte, unmöglich. Erst seit ein paar Jahren können wir in kurdischen Städten auftreten.

Mein Lebensmittelpunkt ist Istanbul. Wir haben Konzerte in kurdischen Städten im Osten und Konzerte in Deutschland gegeben. Ich bin in Istanbul aufgewachsen und möchte in keiner anderen Stadt leben. Nehmen wir Diyarbakır. Es ist sehr schön, dorthin zu reisen, sich der Ursprünge zu erinnern. Aber ich möchte ganz offen sein, dort leben möchte ich nicht. In Istanbul kann ich nach Hause, egal, welche Uhrzeit es ist. In Diyarbakır ist das nicht möglich. Früher war es nicht möglich wegen der politischen Situation, heute nicht wegen der Kriminalität. Außerdem ist es als Frau besonders schwierig. Die Gerüchteküche dort lastet auf dir. Du musst als Frau auf sehr viel verzichten. Das möchte ich nicht. Eine Freundin hat begonnen, in Diyarbakır an der Musikhochschule zu studieren. Ich höre immer schreckliche Geschichten von ihr.

Unsere Arbeit – eine CD haben wir schon herausgebracht, die zweite CD ist in Vorbereitung – ist dem Dienst an der eigenen Kultur gewidmet. Gut, ich kenne sie nicht so sehr, unsere eigene Kultur. Ich war so fern von ihr. Aber ich lerne. Früher, als wir auf Tournee waren, haben wir nicht in Hotels übernachtet, sondern bei Familien. Und immer hatten wir ein Aufnahmegerät dabei. Wir haben alte kurdische Lieder gesammelt und uns mit den Älteren unterhalten. Natürlich sind wir, wenn wir in den kurdischen Gebieten auftreten, auch mit Ungewohntem konfrontiert. Wir waren in Batman bei einer Familie untergebracht und merkten, dass der Familie unwohl beim Essen war, weil wir mit Messer und Gabel aßen, sie damit aber nicht umgehen konnten. Also legten auch wir Messer und Gabel beiseite. Manchmal begegnen wir Situationen, die wir nicht akzeptieren können. In Siirt hatten wir ein Konzert, bei

dem die Männer ganz vorn saßen, die Frauen waren nach hinten gedrängt. So etwas haben wir nicht mitgemacht. Oder dass in den Wohnungen Männer und Frauen die ganze Zeit in getrennten Zimmern verbringen. Dies haben wir aufgebrochen. Ich glaube, dieser Konservatismus hängt mit dem Einfluss der islamischen Religion zusammen. In vorislamischer Zeit gab es so etwas bei den Kurden nicht. Aber wir sind viel mit Männern konfrontiert, die sich als kurdische Patrioten ausgeben und in der Familie schlimmste Patriarchen sind. Am offensten sind die Konzerte in Istanbul. Ein Hort des Konservatismus ist übrigens die kurdische Gemeinde in Deutschland. Das haben wir bei Konzerten in Deutschland gemerkt. Sie haben sich nicht, wie die Kurden in Istanbul, geöffnet. Es gibt ganz wenige, die Deutsch gelernt haben, obwohl sie doch dort leben. Diesen Kampf müssen die Kurden unter sich austragen. Wir wollen nicht nur Musik machen, sondern auch die bestehenden patriarchalischen Strukturen aufbrechen.

Natürlich ist die Umgebung wichtig. Ich glaube, meine Verwandten, die in Diyarbakır aufgewachsen sind, hatten es schwerer. Da musst du gleich mit mehreren Männern fertig werden. Der Vater, die Onkel, die älteren Brüder – alle mischen sich ein. In Istanbul war es einfacher, im innerfamiliären Kampf Freiheit und Unabhängigkeit durchzusetzen. Hätten ich und meine Schwester kapituliert, wären wir jetzt verheiratet und Hausfrauen mit vielen Kindern. Wir haben nicht kapituliert. Und heute kann man mit uns nicht mehr so umgehen wie mit 13 oder 14. Heute ist auch die Familie stolz. Bircan hat studiert, und es ist schon ein tolles Gefühl, die eigene CD der Familie zu schenken. Und ich lache, wenn gesagt wird, ich hätte keinen Mann abgekriegt.

Manchmal denke ich darüber nach, wie es gewesen wäre, wenn ich in einem kurdischen Dorf aufgewachsen wäre. Es

hätte viele Pluspunkte gehabt. Ich könnte viel besser Kurdisch, ich wäre abseits des sterilen Stadtlebens mit Natur und Tieren verbunden. Wie ein Freund von mir, der als Schafhirte gearbeitet hat. Wäre ich erst mit acht, neun Jahren nach Istanbul gekommen, hätte ich Erinnerungen. Ich habe keine Kindheitserinnerungen an ein kurdisches Dorf. Ich bin Kurdin. Aber eine Kurdin, die in Istanbul aufgewachsen ist. Auch eine Istanbulerin. Heute gefällt es mir, wenn ich sage: »Ich bin Kurdin aus Diyarbakır.« Das hat nichts mit Chauvinismus zu tun. Aber irgendwie sehe ich mich als etwas Besonderes an. Letztens habe ich einen jungen Mann im Wartezimmer eines Krankenhauses kennen gelernt. Ich fragte ihn, woher er sei. Er antwortete: »Ich komme von der ägäischen Küste.« Dabei hatte er einen hörbar kurdischen Akzent. Und auch an den Klamotten merkte man, dass er nicht aus der Ägäis kam. Er hat sich geschämt zu sagen, dass er Kurde ist. Wir sind ins Plaudern gekommen, und er hat erzählt, dass er seine Herkunft verheimlicht, um bei Frauen anzukommen. Es ist witzig und traurig zugleich. Er macht das, was ich gemacht habe, als ich in der Grundschule war.

Als Kurde am Bosporus

Murat, der lachende Tabubrecher

33 Jahre

So etwas hat es in der Türkei noch nie gegeben. Da steht ein Kurde auf der Bühne und zieht die Kurden durch den Kakao. Die Performance ist kurdisch. Hunderte Zuschauer, allesamt Kurden, sind begeistert. Vom vielen Lachen stehen den Zuschauern im angesehenen Muammer Karaca-Theater in Istanbul die Tränen in den Augen. Murat Batgi, Performance-Künstler, hat mit seiner Stand-up-Comedy die Herzen der türkischen Kurden erobert.

Das Thema »Kurden in der Türkei« war stets ein politisches. In den neunziger Jahren sprachen türkische Politiker von der »Bedrohung durch Separatismus«, von »Terrorismus«. Auf der anderen Seite war die Rede vom »nationalen Befreiungskampf der kurdischen Nation«. Der Staat leugnete die Existenz des kurdischen Volkes und der kurdischen Sprache. In den bürgerkriegsähnlichen Auseinandersetzungen zwischen türkischer Armee und Guerilleros der PKK (Arbeiterpartei Kurdistans) starben noch im letzten Jahrzehnt rund 40 000 Menschen. An die blutigen Spuren der Vergangenheit will kaum jemand erinnert werden, seit die bewaffneten Kämpfe beendet und demokratische Gesetze, die das Parlament passierten, das angespannte Verhältnis entkrampft haben. Was einst nicht möglich war, wurde Wirklichkeit: kurdische Zeitungen und

Zeitschriften, Radio und Fernsehen. Und nicht zu vergessen: kurdische Stand-up-Comedy. Innerhalb eines Jahres hat Murat Batgi landesweit 53 Aufführungen gehabt. In den westlichen Metropolen der Türkei ebenso wie in den kurdischen Städten im Osten des Landes. Auch im europäischen Ausland, wo kurdische Immigranten leben, ist er bereits ein begehrter Gast.

Murat greift Episoden des kurdischen Alltags auf, um sie in der Aufführung zu karikieren. So etwa in einer Szene, in der von einem Spaziergang in der kurdischen Stadt Diyarbakır erzählt wird. Alle haben einen kurdischen Marsch als Klingelton auf ihr Handy geladen. Aus Patriotismus nehmen die Menschen Haltung ein. Dreihundert Meter zu laufen dauert drei Stunden. Doch abends im Pyjama bei Frau und Kindern wird der Klingelton des Handys gewechselt. Statt eines Marschs hört man romantische Töne. Oder er erfindet Phantasiegeschichten, um Kurden aufs Korn zu nehmen: der Besuch Bill Clintons in einer kurdischen Parteizentrale. Es ist 11 Uhr morgens. Außer dem Teekocher, der Clinton nicht kennt, ist niemand anwesend. Die Parteiführung wird zusammengetrommelt. Doch kein Einziger spricht Englisch. Schließlich wird ein zwölfjähriges kurdisches Kind als Übersetzer gefunden, das jedoch nur eins im Sinn hat: Es möchte vom ausländischen Gast Computerspiele geschenkt bekommen.

Die ersten Aufführungen waren nicht einfach. Murat erzählt, wie schwierig der Tabubruch ist: »Die Zuschauer sind anfangs schockiert. Sie sind es gewohnt, über die eigenen Leute im kleinen Kreis herzuziehen. Privat wird gelästert. Doch wenn dies öffentlich passiert, sind sie durcheinander. Manche kamen und sagten: ›Du hast zwar Recht. Aber so etwas sagt man doch nicht laut.‹« Rund 20 % der Aufführung spricht Murat Türkisch. Es gehört Mut dazu, das gebrochene Türkisch der Kurden aus Diyarbakır zu karikieren. Oder eine kurze Szene

aus Shakespeares »Hamlet« in der türkischen und der kurdischen Sprache aufzuführen. Die Szene auf Türkisch verstehen die Zuschauer problemlos, auf rein Kurdisch wird es schon schwieriger. Kaum jemand versteht das gesprochene Wort.

Murat verbringt mehrere Tage vor der Aufführung in kurdischen Städten, um lokale Geschichten in die Performance zu integrieren. »Ungeheuer viel Interessantes tritt zutage: Material, nicht nur für den lokalen Auftritt, sondern Pointen, die in das Gesamtprogramm reinpassen.« In der kurdischen Stadt Siirt waren 2500 Zuschauer im neuen Amphitheater für die Stand-up-Comedy zusammengekommen. Einziges Problem: An die Beleuchtung im Freilufttheater hatte niemand gedacht. Murat musste um vier Uhr nachmittags mit der Vorstellung beginnen. »Um sechs Uhr war dann Schluss. Es war dunkel geworden.« Viele – so berichtet Murat – treten nach der Aufführung mit Themenwünschen an ihn heran. In Siirt bat ihn der Bürgermeister: »Die Leute lassen ihre Kühe in der Stadt frei herumlaufen. Sprich das doch an, damit sie damit aufhören.« Oder Studenten klagen darüber, dass die Vermieter nicht an Studenten vermieten. Manchmal ergreift Murat Befremden. »In Diyarbakır sah ich im Fernsehen, wie die Leute Halay tanzten. Ein großes Ereignis im Beisein des Bezirksbürgermeisters. Dann zeigte das Fernsehen, worum es eigentlich ging. In einer Straße wurde ein Müllcontainer eingeweiht.«

Murat kam 1971 im kurdischen Diyarbakır zur Welt. Er ist Zweitältester unter elf Geschwistern. Sein Vater arbeitete als Arbeiter beim staatlichen Alkohol- und Zigarettenmonopol Tekel. Wie bei den anderen Kindern des Viertels blieb Kurdisch bis zur Grundschule einzige Sprache. Eltern, Verwandte, Nachbarn und Nachbarskinder sprachen Kurdisch. Innerhalb weniger Monate habe er dann in der ersten Klasse der Grundschule Türkisch gelernt, erzählt Murat. Besonders die Aussprache der

Töne ö und ü sei ihm zu Beginn schwer gefallen. Er war ein erfolgreicher Schüler. Obwohl die überwältigende Mehrheit der Schüler Kurden waren, wurde auf der Schule Türkisch gesprochen. Die wenigen türkischen Schüler auf der Schule, sagt Murat, »waren Kinder von Beamten und Offizieren. Sie lebten in einer anderen Welt. Sie lebten in geschlossenen Siedlungen. Wir nahmen sie in unseren Reihen jedoch ebenso wenig auf.« In der politisierten Atmosphäre des Jahres 1989 macht Murat sein Lyzeum-Diplom. »Flugblätter, Demonstrationen waren an der Tagesordnung. Es gab Fälle, wo nach den Sommerferien die Hälfte der Schüler im Klassenzimmer fehlte. Sie waren zur Guerilla gegangen.« Auch Murat sympathisiert mit der kurdischen Sache. Mündlich überlieferte, politische Erzählungen, von seinem Vater und Großvater vorgetragen, prägen ihn. Von Vertreibungen und Wanderungen der Kurden ist da die Rede. Er ist ein Außenseiter. Während andere Jungen ins Männercafé gehen, verbringt er die Zeit lieber mit Alten. Er gilt als verrückt. Mit den türkischen Lehrern versteht er sich gut. Ganz oft ist er im Lehrerzimmer. Dort imitiert er die einzelnen Lehrer. Den Lehrern gefällt es.

1990 gewinnt er bei der zentralen Aufnahmeprüfung für die Universitäten einen Studienplatz in Wirtschaftswissenschaften an der Marmara-Universität. Ein gewaltiger Erfolg für jemanden, der in Diyarbakır das Lyzeum abgeschlossen hat. Während des Studiums mischt er in einer Amateur-Theatergruppe mit. Ein Jahr später wird das Mesopotamische Kulturzentrum gegründet, das offensiv sowohl für die kulturellen als auch politischen Rechte der Kurden eintritt. Murat ist mit dabei. Er ist verliebt ins Theater. In rund 40 Aufführungen, zumeist kurdisches Polittheater, spielt er mit. Die politisch-kulturellen Aktivitäten des Mesopotamischen Kulturzentrums sind immer wieder staatlicher Verfolgung ausgesetzt. Polizei-

razzien, Festnahmen und Strafprozesse gegen Aktivisten. Acht Mal wird Murat festgenommen und muss jeweils vier Tage in Polizeigewahrsam verbringen.

Der Universitätsabschluss 1995 ist ein Wendepunkt in seinem Leben. Der Vater stirbt in diesem Jahr, und viele Familienangehörige drängen darauf, dass er – nunmehr ein studierter Mann – eine geregelte und geordnete Arbeit aufnimmt. Die Familie ist auf materielle Unterstützung angewiesen. Als er das Universitätsdiplom in der Tasche hat, ist er 24 Jahre alt, während sein jüngster Bruder gerade vier Jahre alt ist. Als Finanzberater – so hofft man – werde er sich etablieren. Murat erinnert sich an die Worte seines Vaters, der ihm die Entscheidung über sein Leben selbst überlassen wollte: »Egal, was du im Leben machst – mache deine Arbeit gut.« Er entscheidet sich für das Theater und gegen eine Karriere als Finanzberater. »Du bist verrückt«, kommentiert ein Onkel. Mehrere Jahre wird Murat von der Familie ausgegrenzt. Letztendlich hat er wohl die richtige Entscheidung getroffen. Heute ist er ein gefragter Performance-Künstler, und wichtige Produktionsfirmen wollen die Video- und Audiorechte an seinen Shows erwerben. »Es geht mir heute materiell besser, als wenn ich Finanzberater geworden wäre.«

Nach Abschluss des Studiums widmet sich Murat weiter dem Theater, wird Herausgeber der kurdischen Literaturzeitschrift »Jiyana Rewschen« (Aufgeklärtes Leben) und schreibt Satirestücke für die Zeitschrift »Pine« (Geflickt). Im Januar 2002 schließlich der Durchbruch mit seiner Stand-up-Comedy. In den neunziger Jahren sei eine solche Comedy nicht möglich gewesen, reflektiert Murat. »Wenn täglich zehn Menschen sterben, kann man so etwas nicht machen. Damals ging es uns um nationale Bewusstwerdung, um die Verbreitung der kurdischen Sprache. Es war ein politischer Kampf. Das System sagte:

›Euch gibt es nicht.‹ Wir entgegneten: ›Es gibt uns. Wir sind da.‹ Heute wird die Existenz der Kurden nicht mehr geleugnet. Für Künstler ist damit eine neue Situation entstanden. Früher genügte es, festgenommen und mit Polizeiknüppeln traktiert zu werden, um Anerkennung von der kurdischen Bevölkerung zu erlangen. Heute ist der Ausgangspunkt ein anderer. Wir hatten nur die weinende Seite der Menschen abgebildet. Das muss sich ändern. Wir müssen auch die lachende Seite der Menschen zeigen.«

Zuweilen holt der Schatten der Vergangenheit Murat ein. Als der Menschenrechtsverein im kurdischen Diyarbakır ihn bat, für Folteropfer eine Performance zu gestalten, zum Beispiel. Eine Herausforderung. Einerseits sollte eine Beziehung zur Folter hergestellt, auf der anderen Seite sollten die Menschen zum Lachen gebracht werden. Es sollte einer der schwierigsten Auftritte für den Künstler werden. Es brauchte Zeit, doch nach einer Weile gelang es Murat, der selbst einmal gefoltert worden war, die Menschen zum Lachen zu bringen. »Für viele war es wie eine Art Rehabilitation, eine Form, wieder ins Leben zurückzukehren.« Die extreme Politisierung im letzten Jahrzehnt führte dazu, dass Kurden Bücher, Theater, Lieder in den Dienst der politischen Sache stellten. Propaganda und Agitation standen auf der Tagesordnung. Für Reflexionen, für kritische Literatur und Theater war kein Platz. Genau das muss sich nach dem Willen von Murat ändern. Erstmals rücken ästhetische Fragen in den Vordergrund. »Wir müssen einfach von der Opfer-Rhetorik wegkommen. Mit dem ewigen Spruch ›Wir werden unterdrückt‹ kommen wir nicht weiter.«

Gerade weil Kritik von außen nicht akzeptiert werde, sei es wichtig, Selbstkritik zu üben. »Die Kurden müssen lernen, sich selbst zu kritisieren.« Murat ist ebenso beunruhigt über das Bild, das die Soaps der türkischen Fernsehsender über Kur-

den verbreiten. Das vorherrschende Bild des Kurden – patriarchalische Männer, Stammesführer, blutige Fehden – werde vermittelt. »Die Wirklichkeit hat damit nichts mehr gemein. In Diyarbakır gibt es Zehntausende Lehrer, Zehntausende Studenten an der Uni, Tausende Rechtsanwälte, Architekten und Ingenieure. Die größte kurdische Metropole ist Istanbul. Unter den zwölf Millionen Einwohnern sind zwei bis drei Millionen Kurden.«

Normalisierung steht an. Doch zur Normalisierung gehört es, die Schemata der Vergangenheit beiseite zu schieben und Neues zu gestalten. Die Devise von neuen Wegen ist ganz im Sinne Murats. »Theater ist nicht bei Brecht stehen geblieben. Wir müssen Neues ausprobieren, um mit dem Fernsehen zu konkurrieren.« Murat hatte einst mit einem kurdischen Wandkalender – es war der erste Wandkalender auf Kurdisch – für Wirbel gesorgt. »Als ob das eine wichtige Sache wäre«, sagt der Performance-Künstler. »Was passiert, wenn ich jetzt in die Bosporus-Fähre steige und für die Möwen Brot in das Wasser werfe? Werde ich dann als erster Kurde, der Möwen am Bosporus füttert, gefeiert?«

■■■ Die Kurden sind mit schätzungsweise 12 – 15 Mio. die größte ethnische Gruppe in der Türkei ■■■ Etwa drei Mio. Kurden leben allein in Istanbul ■■■ Der Friedensvertrag von Sèvres, 1920, sah im Zuge der territorialen Neuordnung nach dem Ersten Weltkrieg die Errichtung eines unabhängigen kurdischen Staats vor ■■■ 1923 erreichte Mustafa Kemal Atatürk eine Neuverhandlung; der dann geschlossene Lausanner Vertrag sah kein unabhängiges Kurdistan vor, und die Art. 38 – 45, die Rechte von Minderheiten garantieren, finden ausdrücklich keine Anwendung auf Kurden ■■■ Die türkische Verfassung von 1982 verbot den Gebrauch der kurdischen Sprache; 1991 wurde das Verbot aufgehoben ■■■ Der bewaffnete Kampf der PKK für einen sozialistischen kurdischen Staat begann am 15. August 1984 mit einem Übergriff in Siirt und endete offiziell nach der Verhaftung des Kurdenführers Abdullah Öcalan 1999; militante Splittergruppen sind auch danach noch vereinzelt in Erscheinung getreten ■■■ Nach Anerkennung der Türkei als offizieller EU-Anwärter im Dezember 1999 kämpfen die Kurden für die Anerkennung als ethnische Gruppe mit allen kulturellen Rechten; die Forderung nach einem unabhängigen Staat wurde zunehmend fallen gelassen ■■■ Das Mesopotamische Kulturzentrum in Istanbul – gegründet 1991 – fördert das kurdische Leben u. a. durch Theater, Filme, Herausgabe kurdischsprachiger Bücher und Zeitschriften ■■■ Der erste offizielle Sprachkurs in kurdischer Sprache startete im März 2004 in Batman ■■■ Sprachkurse werden zurzeit nicht an öffentlichen Schulen, sondern von eingetragenen Vereinen durchgeführt ■■■ Veröffentlichungen in kurdischer Sprache sind seit September 2002 erlaubt ■■■ Seit Juni 2004 sendet das türkische Staatsfernsehen TRT auch in der Sprache ethnischer Gruppen (vorerst nur in wechselnden Sprachen morgens zwischen 6.10 und 6.45 Uhr) **(bk/ek)**

anders sein anders sein anders sein anders s
anders sein anders sein anders sein anders sein anders sei
anders sein anders sein anders sein anders sein anders
sein anders sein anders sein anders sein anders sein
sein anders sein anders sein anders sein anders sein ander
sein anders sein anders sein anders sein anders s
sein anders sein anders sein anders sein anders sein ande
anders sein anders sein anders sein anders sein anders se
anders sein anders sein anders sein anders sein an
sein anders sein anders sein anders sein anders sein an
sein anders sein anders sein anders sein anders s
anders sein anders sein anders sein anders sein anders se

anders sein anders sein anders sein anders sein anders sein

anders sein anders sein anders sein anders sein

anders sein anders sein anders sein anders sein anders

anders sein anders sein anders sein anders sein anders

anders sein anders sein anders sein anders sein anders

anders sein **lesbisch sein** anders sein anders

anders sein anders sein anders sein anders sein anders

anders sein anders sein **anders sein** anders sein

schwul sein anders sein anders sein anders

anders sein anders sein anders sein anders sein anders

anders sein anders sein anders sein anders sein anders sein

anders sein **anders sein** anders sein anders sein anders

Du brauchst 'ne Frau!

Selcen, die späte Rebellin

32 Jahre

Ich bin 1972 in Istanbul geboren. Meine Eltern, die schon in Deutschland lebten, holten mich im Alter von drei Jahren zu sich. TBC-krank und mit einem vergrößerten Magen verbrachte ich lange Zeit in einem Krankenhaus am Wannsee, wo die Krankheit mit Chemotherapie bekämpft wurde. Da ich das einzige blonde Kind in der Familie bin, spaßte mein Bruder oft, ich stamme von Deutschen ab. Nach meiner Genesung kam ich in einen Kindergarten, der von katholischen Nonnen geführt wurde. Wenn meine Geschwister mich vom Kindergarten abholten, redete ich Deutsch und Jugoslawisch, aber kein Türkisch. Die Nonnen waren wirklich lieb. Damals wollte ich unbedingt Nonne werden. Erst in der Grundschule habe ich Türkisch-Kurse an der Schule besucht. Das war auch nötig, um überhaupt mit meiner Familie reden zu können.

In die Grundschule kam ich mit sieben Jahren. Mir hat es dort grundsätzlich gut gefallen. Doch mit dem traditionellen Rollenverständnis kam ich schon damals nur schwer zurecht. Zu Bayram zum Beispiel – das Fest ist mit Weihnachten vergleichbar – ziehen die Eltern ihren Kindern schicke Sachen an, den Mädchen kleine Röckchen. Weigern kann man sich nicht. Ich habe trotz des schicken Röckchens mit Murmeln gespielt – wir spielten in der Schule immer mit Murmeln. Da kam ein kleiner

Türke dahergelaufen und griff mir unter den Rock. Das war zu der Zeit das Schlimmste, was in meinem Leben passiert war. Ich habe ihn so zusammengeschlagen, dass ein Krankenwagen kommen musste. Zu Hause bekam ich höllischen Ärger und von der Schule einen Tadel. Der Junge war zwei Klassen über mir. Ich war in der vierten Klasse, er war in der sechsten. Schlimm für mich war, dass meine Eltern mich fragten: »Warum hast du das gemacht?« Man traut sich doch nicht zu sagen, der hat mich unten angefasst. Solche Themen wurden ja nie besprochen. Ich bekam öfters Tadel, so dass meine Eltern immer dachten, ich mache ständig Stress. Die Wahrheit konnte ich niemandem sagen. Das war ja etwas ganz Peinliches für mich. Mädchen sein fand ich schon sehr anstrengend. Ich wäre viel lieber ein Junge gewesen, Hosen trug ich ohnehin viel lieber als Röcke.

Jungs waren von Anfang an nicht mein Ding, mit ihnen hatte ich nur schulischen Kontakt. Aber von meiner Mutter kamen immer wieder Sprüche im Sinne von: Mädchen sind so und so. Vielleicht trug das dazu bei, dass ich im Elternhaus total introvertiert war, ein Bücherwurm, der nur geschrieben, gezeichnet und gelesen hat. Die Geschichten, die meine Mutter mir erzählt hat, hatten stets sexuellen Bezug. Da habe ich mir geschworen, wenn ich 18 bin, werde ich mit dem Ersten in die Kiste steigen. Und das hab ich dann auch gemacht. Das war eine Protestaktion. Als es vollendet war, überlegte ich mir, worüber sich Mütter überhaupt den Kopf zerbrechen. Denn etwas Schönes, etwas Positives konnte ich nicht entdecken. Der erste Kuss, die Zunge im Mund zu haben – ich fand es widerlich. Ich dachte, wie können Leute dabei Spaß empfinden.

Später hatte ich eine eineinhalbjährige feste Beziehung mit einem Jungen. Es hatte auch total schöne Seiten, aber das i-Tüpfelchen fehlte. Trotzdem wollten wir sogar heiraten. Meine Eltern waren heftig gegen eine Heirat, weil er Deutscher

war. Mein Freund wollte sich sogar beschneiden lassen, da bin ich dann aber eingeschritten. Ich sagte ihm: »Ich will das nicht. Ich will dich so, wie du bist.« Ich hätte auch alles gegen den Willen meiner Eltern durchgezogen. Aber alles ist anders gekommen.

Ich verspürte irgendwie Neigungen zu Frauen. Mit diesen Gefühlen habe ich meinen Freund schließlich verlassen. Weil Homosexualität nie ein Thema in meinem Leben war, war ich total verwirrt im Kopf. Dann folgte ein Jahr, in dem ich die ganze Zeit damit verbrachte, zu mir selbst zu finden. Ich hatte weder Näheres über Homosexualität gelernt oder gehört, noch kannte ich Frauen und Männer, die homosexuelle Neigungen hatten. Das war etwas ganz Fremdes für mich. Ich erinnerte mich daran, was mein Chef in der Ausbildung zu mir sagte: »Lass mal deinen Freund. Du brauchst 'ne Frau.« Ich dachte, die seien alle krank im Kopf. Das war im letzten Jahr meiner Ausbildung, kurz vor der Prüfung.

Alles in meinem Kopf ins Reine zu bringen, hat Zeit erfordert. Im Nachhinein hat mir das viel gegeben. Mich zu sehen, mich zu finden und nicht nur auf andere zu achten. In unserer Kultur wird man so erzogen, dass zuerst die anderen kommen und zum Schluss du. Man soll keine Wünsche haben, und wenn überhaupt, kommen die an letzter Stelle. Zu akzeptieren, dass ich lesbisch bin, hat lange gedauert. Dann kam die zweite Etappe. Wie lerne ich meinesgleichen kennen? Wo gibt es so was? Was ist das überhaupt, worauf ich stehe? Was für ein Gefühl ist das überhaupt? Ich hab mir Bücher gekauft, Kalender geholt, Adressen besorgt. Und dann habe ich langsam angefangen, Frauenläden zu besuchen und Frauen kennen zu lernen, die lesbisch sind.

Eine Kämpferin war ich von jeher. Gegen Ungerechtigkeiten wehrte ich mich nicht selten handgreiflich. Von der Real-

schule bin ich aus diesem Grund geflogen. Im Sportunterricht der siebten Klasse hatten Mitschüler irgendwie Mist gebaut. Ich war gar nicht daran beteiligt. Als die Lehrerin den Spruch »Wenn es euch nicht passt, kehrt doch zurück in euer Land« brachte, konnte ich mir das nicht gefallen lassen und habe ihr eine reingehauen. Die Folge war, dass ich rausgeschmissen wurde. Ich sollte mich entschuldigen, was ich nicht gemacht habe. Die Lehrerin hatte später übrigens geleugnet, diesen Spruch gemacht zu haben. Welcher Lehrer gibt schon gerne zu, dass er rassistisches Zeug quatscht. Die Strenge und die Disziplin der Realschule – ich hätte alles mitgemacht, wenn nicht dieser blöde rassistische Spruch der Lehrerin zu meinem Rausschmiss geführt hätte.

Von der Hauptschule, an die ich anschließend kam, war ich schockiert. Es waren wirklich schwierige Schüler in der Klasse. Im Unterricht flog alles herum. Aber die Lehrer haben sich ungeheuer eingesetzt. Ich habe jeden Extrakurs mitgenommen, und die Lehrer haben mir extra mehr Hausaufgaben mitgegeben. Als Klassensprecherin habe ich mich für meine Mitschüler eingesetzt, sie gegen Ungerechtigkeiten verteidigt, auch außerhalb der Schule. Wegen einem türkischen Mädchen beispielsweise, die von ihrem Vater sexuell missbraucht wurde, habe ich mich mit den Lehrern zusammengetan. Und das mit Folgen! Das Jugendamt hat sich eingeschaltet, das Sorgerecht wurde entzogen. Das Mädchen kam in ein Heim. Ich wollte immer schlichten. Wenn schlichten nicht möglich war, habe ich draufgehauen. Das war immer schon meine Devise: Wer nicht hören will, muss fühlen. Rangeleien waren deswegen keine Seltenheit. Je älter ich wurde, desto mehr habe ich versucht, solche Geschichten verbal zu klären. Die Hauptschule war wirklich schwierig, obwohl wir ganz tolle Lehrer hatten.

Nach der Hauptschule wollte ich eigentlich das Abitur nachholen. Aber meine Mutter meinte: »Was willst du mit der Schule?« Ich würde sowieso Kinder kriegen. Meine Mutter war die Autoritätsperson. Ich hatte ungeheuer viel Respekt vor ihr. Mein Vater hat mich nie geschlagen. Selbst wenn ich mit einem Tadel nach Hause kam, hat er immer mit mir geredet. Töchter und Söhne hat er stets gleich behandelt. Trotzdem wollte ich auf jeden Fall von zu Hause weg. Ich konnte sofort eine Ausbildung als Zahnarzthelferin anfangen. Das habe ich dann auch getan. Während der Ausbildung gab es zwei Mal in der Woche Schule, im Oberstufenzentrum. Das war wirklich hardcore. Zu dieser Zeit fiel die Mauer, und Ost und West wurden zusammengepackt. Unser Deutschlehrer kam aus dem Osten. Deutsch war eines meiner Lieblingsfächer, und ich war mein Leben lang Klassenbeste in Deutsch. In meinen Lieblingsfächern setzte ich mich immer ganz nach vorne, weil ich möglichst viel mitkriegen wollte. Da fragte mich dieser Typ wahrhaftig, was ich denn vorne sitze. Ich solle doch nach hinten zu meinen Landsleuten gehen. Natürlich wehrte ich mich sofort: »Ey, du Penner, meine Deutschkenntnisse sind bestimmt besser als deine. Ich brauch deinen Unterricht nicht.« In seinen Unterricht bin ich nicht mehr gegangen und bekam eine Fünf im Zeugnis. Mir war es egal. »Scheiß drauf, Mann. Wer bist du denn, Mann?« Oh, das war so schlimm. Ich habe mich in meiner Intelligenz gekränkt gefühlt. Den Typen habe ich nie wieder gesehen. Die letzten zwei Jahre war ich kaum noch in der Schule. Deshalb waren meine Noten im Oberstufenzentrum miserabel. Immerhin habe ich meine Abschlussprüfung vor der Prüfungskommission bestanden. In Deutsch bekam ich übrigens eine Zwei!

Zu Beginn meiner Ausbildung fing der Streit um mein Ausbildungsgeld an. Mein Vater und meine Mutter zankten um

mein Gehalt von noch nicht einmal 500 DM. Dieses beschissene Geld. Ich fand es schlimm. Da bin ich abgehauen. Ich habe nur die Zeugnisse mitgenommen und meinen Pass. Mehr nicht. Ich bin mit einer Tüte von zu Hause abgehauen. Die ersten drei Tage habe ich irgendwie durchgemacht. Auf Toiletten gepennt und solche Sachen. Dann verbrachte ich die ersten Monate bei Freunden. Doch letztendlich bist du auf dich selbst gestellt. Über die Zeitung fand ich dann eine Mitwohngelegenheit bei einer alten, bettlägerigen Frau. Ich hatte ein kleines Zimmer für 200 DM. Das wurde dann auf 100 DM reduziert, weil ich ihr sehr behilflich war. Ich musste sie halt nachts auf die Toilette bringen, pflegen, waschen und füttern. Ein Jahr lang ging das. Dann konnte ich mir meine eigene Wohnung mieten.

Meine Familie konnte mit meiner Homosexualität zu Beginn nicht umgehen. Das Outing zu Hause war ganz grauenvoll. Meine Mutter hat mir die Tür vor der Nase zugeknallt. Meinem Vater habe ich es viel später erst gesagt. Es gab auch dann eine heftige Auseinandersetzung. Meine Geschwister dagegen meinten, das sei meine Sache. »Wenn du glaubst, das leben zu wollen, ist das deine Sache.« Zu Feiertagen, zu Geburtstagen, Muttertagen besucht man ja die Familie. Es hat halt Tradition. Zum Lesbischsein kam auch mein Outfit hinzu. Ich hatte eine crazy Frisur, ich habe mich gepierct. Da wirst du von der eigenen Mutter wie eine Außenseiterin behandelt. Das passte nicht ins türkische Familienbild hinein. Aber auch außerhalb der Familie war es nicht einfach. Doch ein paar Jahre später hat sich alles gelegt. Mit meiner Mutter habe ich heute keine Probleme. Sie ist stolz auf mich.

Wenn Leute erfuhren, dass ich auf Frauen stehe, kamen Sprüche, wie: »Ey, du hast noch nie einen richtigen Schwanz gehabt. Du hast nie einen Kerl bekommen.« Es ging immer um Sex. Zahnarzthelferin fand ich ja monoton. Nebenbei habe ich

damals ganz viel gejobbt. In der Altenpflege, als Köchin, als Putze, als Kellnerin und auf dem Bau. Ich habe Fliesen gelegt und Wände hochgezogen. Auf dem Bau ist mir eine derbe Geschichte passiert. In der Firma gab es keine Türken. Es waren Deutsche aus Bayern, Portugiesen und Polen. Ich hatte damals lange Haare und ein Käppi. Es war richtig krass. Die Bayern waren richtig sexistisch. Immer wieder Sprüche, ob ich mich ficken ließe. Für die gab es kein Tabu. Alles drehte sich um Vagina und Penis, mehr haben sie einfach nicht in der Birne. Mein Chef, dem das Ganze wohl auch gegen den Strich ging, erzählte den Bayern irgendwann, dass ich eine Lesbe wäre und grade frisch aus dem Knast käme, weil ich einen Typen umgenietet hätte. Als ich auf die Baustelle kam, waren alle plötzlich so anders zu mir. Respektvoll. Sie grüßten mich freundlich, behandelten mich wie einen vollwertigen Kollegen. Mein Chef erzählte mir später mal, was er über mich in die Welt gesetzt hat. Ich konnte mich vor Lachen nicht mehr halten.

Es gab auch ganz sonderbare Vorfälle. An einen erinnere ich mich besonders. Ich hatte damals eine Glatze, wohnte im Wedding, hing oft mit den türkischen Nachbarsmädchen rum. Eines Tages kam ihr türkischer Onkel und hielt mir eine Waffe an den Kopf: »Ich bring dich um.« Der Onkel dachte, ich sei ein Typ, und er wollte nicht, dass ich mit seiner Nichte herumrenne. Der hat nicht gemerkt, dass ich ein Mädchen bin. Aber ich habe auch nicht gemerkt, dass der Onkel mich für einen Typen hielt. Auf mein »Was willst du Penner? Schieß doch, wenn du Eier in der Hose hast!« hat er nicht reagiert. Ich habe mir, wie gesagt, nie etwas gefallen lassen. Im Wedding kamen des Öfteren blöde Sprüche, wenn ich auf der Straße mit einer Frau herumgelaufen bin. »Guck mal, die Lesben. Die lecken sich.« Am Anfang versucht man, ruhig zu bleiben. Man zieht sich zurück. Nur manchmal hat man keine Lust mehr,

sich zurückzuziehen, und geht in die Offensive. »Ey, haste 'n Problem damit?« Sobald man sich wehrt, hauen sie alle ab. Im Wedding sind solche Geschichten oft passiert. Es waren hauptsächlich ausländische Jugendliche und ältere Deutsche, die Lesben ganz eklig fanden. Ich war 20 Jahre alt, als ich im Wedding gewohnt habe. Jetzt bin ich 31 Jahre alt und lebe in Kreuzberg. In der Kreuzberger Szene ist Homosexualität nichts Fremdes. Sie ist akzeptiert.

Im Laufe der Zeit habe ich gelernt, was es heißt, türkisch und noch dazu lesbisch zu sein. Das ist wirklich nicht einfach. Ich habe in der Szene ein paar türkische Lesben kennen gelernt. Sie haben mich immer attackiert. Wie siehst du denn aus? Du siehst ja gar nicht türkisch aus. Sie haben untereinander immer Türkisch gesprochen, und ich habe auf Deutsch geantwortet. Ganz langsam habe ich mir in dieser Zeit Türkisch wieder angeeignet. Ich will nicht verallgemeinern, aber die meisten der türkischen Lesben waren ganz schön türkisch. Da kamen Sprüche wie: »Wie kannst du mit einer Deutschen zusammen sein?« Wenn ich jemanden kennen lerne, lerne ich ihn doch als Mensch kennen, und die Nationalität ist egal. Kannst du mir was geben? Kann ich dir was geben? Können wir etwas teilen? Das sind doch die Fragen. Doch viele hatten Cliquenverhalten. Was nicht ins Schema reinpasst, wird ausgesondert. Von außen kriegt man das gar nicht mit.

Als ich 27 Jahre alt war, lernte ich meine türkisch-kurdische Freundin kennen, und wir waren vier Jahre zusammen. Zuvor hatte ich mir überhaupt keine Gedanken gemacht, was kurdisch sein und türkisch sein heißt. Über die ganzen Konflikte wusste ich nicht Bescheid. Im Laufe der Beziehung habe ich gemerkt, dass so, wie die Deutschen Ausländer ausgrenzen, die Ausländer sich untereinander ausgrenzen. Allein nur dein Anderssein stört sie. »Wir sind Kurden. Wir sind keine Türken«,

hörte man. Und dann wird so negativ über das Türkischsein geredet, dass es dir gegen den Strich geht. »Ey, sorry«, habe ich gesagt, »ich habe mir meine Herkunft nicht ausgesucht.« Es war wirklich heavy. Als hätte ich nicht eine Beziehung mit einer Frau, sondern eine Heirat mit einer ganzen Nation. Ein kurdischer Sprachkurs, an dem ich teilnehmen wollte, kam letztlich nicht zustande, weil nicht genügend Leute Interesse hatten. Anstatt sich über mein Interesse zu freuen, wurde ich angemacht, warum ich als Türkin die kurdische Sprache lernen wolle. Es ist wirklich schockierend. Dass ich verrückte antitürkische Türkin mit einer Kurdin zusammenkomme, war für viele paradox. Weil ich halt total trashig war, total anders. Das hat denen einfach nicht gepasst. Und dann fingen Lästereien an. Weil ich anders war. Ich hatte immer verrückte Frisuren, ich war mutig, und ich habe nicht den Arschkriecher gespielt.«

Nationales Denken entsteht schneller, als man glaubt. Das habe ich leider sehr oft mitbekommen. Ich war einmal auf einer Veranstaltung von Frauenprojektgruppen, auf der auch eine kurdische Organisation dabei war. Da war eine Kurdin, die wusste gar nichts von mir, außer, dass ich Türkin bin. Sie hat kein Wort mit mir geredet und mich nur blöd angeguckt. Als ich sie fragte, warum sie sich so verhalte, meinte sie, sie habe schon so viel Negatives mit Türken erlebt. Da bin ich ausgerastet. Das sind genau die Dinge, die mich ankotzen! Wenn eine deutsche Frau sagt: »Ich wurde von einem Ausländer misshandelt und hasse deshalb alle Ausländer.« Das ist einfach ein Fehler. Damit komm ich nicht klar, damit will ich gar nicht klarkommen! Wenn's ein Türke war: »Scheißtürken, ich hasse die Türken«, wenn's ein Araber war: »Scheißaraber!« Das ist unberechtigt. Ich meine, ich hab auch viele rassistische Angriffe von Nazis erlebt, aber das berechtigt mich nicht zu sagen: »Alle Deutschen sind Nazis.«

Es gibt Augenblicke, die man nicht vergisst. Ich war einmal in einer Disco. Da war eine deutsche Frau. Sie stand auf mich. Ich fand sie auch nett. Wir waren auf der Tanzfläche. Ein schöner Moment. Sie tritt in dem Moment erschrocken einen Schritt zurück, als sie erfährt, woher ich komme. »Mach das nie wieder in deinem Leben. Dafür könnte man dich fertig machen«, riet ich ihr. Es passieren immer wieder blöde Geschichten. Wenn Leute sagen, ich sei nicht wie eine Türkin, ich sei so locker, ich sei lesbisch. Und wenn ein Deutscher sagt: »Du kannst aber gut Deutsch«, antworte ich: »Du aber auch.«

Heute akzeptiere ich, dass ich türkischer Herkunft bin. Früher habe ich ja kein Türkisch gesprochen, und unter Türken zu treten war für mich tabu. Ich habe mich dagegen gewehrt, mit Türken herumzuhängen. Je älter man wird, desto mehr setzt man sich mit seiner Herkunft und sich selbst auseinander. Ich würde auch jetzt nicht sagen, dass ich eine stolze Türkin bin. Man muss alles in Maßen genießen. Ich habe mich immer multikulti gefühlt. Ich bin in Berlin mit Menschen aus zig Nationen groß geworden. Ich bin ich. Man muss nicht unbedingt irgendwie zu irgendwas dazugehören. Jeder soll den Dreck vor der eigenen Haustüre kehren. Meine Einstellung ist: leben und leben lassen.

Neues Theater

Abdullah, der Künstler, der aus der Reihe tanzt

27 Jahre

Das kurdische Epos »Mem û Zîn«, Mitte des 17. Jahrhunderts von Ahmede Xani verfasst, spielte stets eine besondere Rolle bei der kulturellen Renaissance der Kurden in der Türkei. Es ist eines der ersten schriftlich fixierten kurdischen Werke. Von vielen wird das Epos als eine Liebesgeschichte gelesen. Der 27-jährige Abdullah Kaya verweist darauf, dass auch die Unterdrückung der Kurden, die Gründe für das Fehlen einer politischen Führung in dem Epos zur Sprache gebracht würden. Der junge Mann, der erst vor vier Jahren mit großem Erfolg das Müjdat-Gezen-Konservatorium absolvierte, war fest entschlossen, seine Interpretation dieses Epos mit künstlerisch adäquaten Mitteln zu realisieren. Im Mai 2004 war es dann so weit. Zur Uraufführung kamen 700 Besucher, die sich nicht mit politischer Agitprop, sondern mit modernem Tanztheater konfrontiert sahen. Kritiker waren voll des Lobes. Über mehrere Monate hinweg hatte er mit 22 Laiendarstellern das Stück eingeübt. »Sie hatten so etwas noch nie gemacht. Folkloristische Tänze kannten sie. Doch dies war für sie neues Terrain.« Viele Darsteller, die sich – durch das Mesopotamische Kulturzentrum politisiert – in kulturelle Aktivitäten gestürzt hatten, hätten ihn vor nicht allzu langer Zeit als »sonderbares Kraut« angesehen. Zu verschieden sei wohl der Lebenslauf des

Homosexuellen, der bis zu seinem 19. Lebensjahr im kurdischen Diyarbakır lebte und dann zum Studium nach Istanbul zog. Nun sei er aber akzeptiert, erzählt Abdullah.

»Seit ich fünf Jahre alt bin, habe ich gefühlt, dass ich anders bin als die anderen. Ich war ein verschlossenes Kind und hatte meine eigenen Spiele und meine eigenen Träume. Es gab wenig im kurdischen Diyarbakır, woran ich partizipieren konnte. Wir waren acht Geschwister, ich war der Kleinste. Mit meiner älteren Schwester hatte ich einen Deal. Ich durfte zu Hause ihren Ecossai-Rock anziehen, und sie durfte dafür draußen spielen. Vor unserer Mutter haben wir alles verheimlicht. Besonders beim Fußball merkte ich, dass ich anders bin. Mein älterer Bruder war Torwart. Und er drängte darauf, dass ich auch spiele. Ich aber hasste Fußball. Es war für mich etwas Verabscheuungswürdiges.

Es mag verwundern, aber ich habe erst im fünften Schuljahr mitbekommen, dass ich Kurde bin. Ein Klassenkamerad fragte mich, woher ich komme. Auf meine Antwort, dass ich aus Diyarbakır sei, sagte er: »Aha, du bist auch Kurde.« Daraufhin fragte ich: »Was soll das denn heißen?« Auf meine Nachfrage hin bejahte meine Mutter später: »Ja, wir sind Kurden.« Heute frage ich mich, wie es sein kann, dass ich erst im fünften Schuljahr etwas über meine Herkunft mitbekam. Zu Hause wurde zwar Türkisch gesprochen, wenn etwas aber sehr heimlich war, sprachen meine Eltern Kurdisch unter sich. Und meine Tante, die nur Kurdisch sprach, so dass wir beiden nie miteinander kommunizieren konnten, war schließlich auch da. Doch ich maß dem offensichtlich keine weitere Bedeutung bei.

Zuerst wohnten wir in einer Siedlung, die aus Dienstwohnungen für Beamte bestand. Mein Vater war beim Amt für religiöse Angelegenheiten verbeamtet. Unsere Eltern achteten sehr auf unsere Diktion. Als ich mich mit 19 Jahren beim Kon-

servatorium in Istanbul bewarb, wollte mir niemand glauben, dass ich die ganze Zeit in Diyarbakır gelebt hatte. Sie dachten, ich spaße. Noch heute kann ich nur gebrochen Kurdisch. Diese kurdischen Laute bereiten mir Schwierigkeiten, nur bei kurdischen Liedern ist es ein wenig besser. In meiner Schule wurde Türkisch gesprochen, und ich bewegte mich hauptsächlich in der Gesellschaft von Kindern türkischer Beamter und Offiziere, von denen es in meiner Klasse sehr viele gab. Den Kontakt mit den Einheimischen von Diyarbakır mied ich. Sie kamen mir zu grob vor. Ihre Lebensweise, ihr Fluchen, diese Schimpfwörter. Ich konnte Schimpfwörter nicht ausstehen. In Diyarbakır war mir eine solche Ausdrucksweise fremd. Dort war ich ein fleißiger Schüler. Schimpfwörter habe ich erst in Istanbul gelernt.

Hier in Istanbul wurde ich zum Kurden. Immer wieder wurde ich mit der Frage konfrontiert, ob ich aus Izmir stamme. Nun, ich bin hochgewachsen, ich bin attraktiv, ich bin schön. Deswegen muss ich doch nicht zwangsläufig aus Izmir stammen. Ich musste meinen Personalausweis zücken, um zu beweisen, dass ich tatsächlich in Diyarbakır geboren bin. Sie hatten ein bestimmtes Bild vom Kurden aus Diyarbakır. Er muss ein Macho sein, kleingewachsen usw. Sie machten mir bewusst, dass ich dem nicht entsprach, dass ich anders bin. Sie haben mich dazu gebracht, dass ich mich anders fühle. In Istanbul fühlte ich mich zum ersten Mal als Kurde.

Nachdem wir aus der Dienstwohnung ausgezogen waren – mein Vater starb, als ich sieben Jahre alt war –, sind wir in eine bessere Gegend gezogen. Mit elf machte ich meine ersten Theatererfahrungen. Meine ältere Schwester hatte beim städtischen Theater in Istanbul als Schauspielerin angefangen. Meine Begeisterung war sofort geweckt. Bei der Stadtverwaltung gab es einen Kinderclub, in dessen Kindertheater ich mit

elf Jahren anfing. Mein Entschluss, zum Konservatorium zu gehen, stand alsbald fest.

Zu der Zeit – ich ging auf die Mittelschule – wurde ich ein richtig verschlossenes Kind. Auch Mädchenklamotten anziehen hat keinen Spaß mehr gemacht. Während der Grundschulzeit hatte ich viel mit Mädchen aus der Nachbarschaft gespielt. Es gab ein Spiel, bei dem man über ein Seil springen musste. Es löste Befremden aus, dass ich mit den Mädchen spielte. Sie hatten mich damals auch ein paar Mal erwischt, als ich Mädchenklamotten anhatte. In Träumen errichtete ich mir meine eigene Welt. TRT 2, der staatliche Kultursender, strahlte häufig Konzerte und Ballettaufführungen aus. Ich musste diese Programme unbedingt anschauen. Die Ballettbewegungen versuchte ich sofort nachzuahmen. Eltern und ältere Brüder bangten wohl um mich und versuchten, meine Entwicklung zu verhindern. Aber ich wurde nie verprügelt. Ich habe keine einzige Ohrfeige bekommen. Sie schafften es jedoch, dass ich mich immer schuldig fühlte. Das typische Familiensyndrom. Sie fühlten wohl, dass ich anders bin.

Mit 17 habe ich mich an einen Bekannten meiner Schwester rangemacht. Nicht so richtig, aber der Typ hat es mitbekommen und weitererzählt. Ich war zu Besuch bei meiner in Istanbul lebenden Schwester. Wir gingen an der Küstenstraße auf der asiatischen Seite spazieren, als sie das Thema ansprach. Meine Welt brach zusammen. Am liebsten hätte ich mich in den Bosporus geworfen und wäre zum Leanderturm geschwommen. Doch meine Schwester reagierte recht verständnisvoll. Das wird sich schon irgendwie lösen und so fort, hieß es. Innerhalb der Familie waren es meine politisierten Geschwister, die das größte Problem mit mir hatten. Mein älterer Bruder, der zu den Partisanen in die Berge gegangen und gestorben war, hatte einst gesagt, wir seien allesamt Va-

terlandsverräter. Ich glaube, die stark politisierten Menschen sind intolerant. Außer ihrer eigenen Existenz, ihrer eigenen Ideologie nehmen sie nichts wahr. Sie haben kein Verständnis. Menschen zu instrumentalisieren, fällt ihnen leicht. Sie sind unmenschlich. Sie sind paralysiert. Es gibt keinen Raum für Gefühle. Ist das nicht sonderbar?

Nach dem Vorfall mit dem Bekannten meiner Schwester sollte ich zum Psychologen. Da es niemand mitbekommen durfte, hatten sie einen Psychologen in Ankara aufgetrieben. Also ging ich dorthin. Ich glaube, der Psychologe war selbst homosexuell. »Ist es nicht schön, beide Seiten in sich zu vereinigen, gerade, wenn man sich der Kunst verschrieben hat?«, fragte er und redete von Kreativität, von der Schönheit meines »anderen« Daseins und so fort. Ich aber entgegnete, dass ich nicht als Homosexueller leben möchte. Er wies mich darauf hin, dass ich eine offene Wunde trage und selbst die Entscheidung treffen müsse. Es war Zufall, dass ich zu diesem Psychologen gekommen war. Ein glücklicher Zufall.

Während meiner letzten Schuljahre in Diyarbakır – als Jugendlicher von 15, 16, 17, 18 – verbrachte ich die langen Sommerferien bei meiner Schwester in Istanbul. Aber von der Stadt habe ich nichts mitbekommen. Meine Schwester hatte ein kleines Häuschen in Beykoz auf der asiatischen Seite des Bosporus. Ich war die ganze Zeit in dem abgeschiedenen Haus, habe Bücher gelesen, Musik gehört und Fernsehen geschaut. Mit der Außenwelt hatte ich keinen Kontakt. Auch in Diyarbakır war ich ein Sonderling gewesen, hatte mich gerne zurückgezogen. Dort war eine meiner Schwestern in der kurdischen HADEP-Partei. Der Weltfrauentag wurde gefeiert. Ich suchte meine Schwester und ging in die Parteizentrale in Diyarbakır: zerrissene Jeans, ein Rucksack und eine Mütze, die falsch herum aufgesetzt war. In der Parteizentrale dachten sie, ich sei ein

Spion der Polizei oder so. Sie haben mich verfolgt. Als sich herausstellte, dass ich der kleine Bruder bin, bedauerten sie meine Schwester offensichtlich. Die wiederum erklärte ihnen, dass auch solche Typen wie ich für den politischen Kampf gewonnen werden müssten. Nach diesem Vorfall habe ich so gut es ging solche Orte gemieden. Hinzu kommt bei mir die große Angst vor Polizisten. Wegen meines älteren Bruders, der zur PKK ging, gab es Razzien bei uns zu Hause. Meine Mutter bot den Polizisten Kaffee an und redete dummes Zeug wie: »Was hat mein Sohn denn wieder angestellt?« Die Polizisten waren immer ganz verwirrt. Noch heute brechen bei mir Ängste auf, selbst wenn ein Verkehrspolizist mich anhält.

Mit 19 bewarb ich mich beim Konservatorium in Istanbul, wurde angenommen und zog zu meiner Schwester. Meine Eltern wollten, dass ich bei meiner Schwester wohnte. Es gab aber immer wieder Konflikte. Sie raucht nicht, ich rauche. Wenn sie sagte, dass ihre Gardinen durch mein Rauchen verschmutzen, ging mir das auf die Nerven. Ich bin später ausgezogen und habe mich selbst in Istanbul durchgeschlagen. Heute wundere ich mich, welche Energie ich aufgebracht habe. Meine Kommilitonen kamen aus wohlhabenderen Familien und waren materiell besser gestellt. Ich dagegen musste mein Geld als Austräger bei einer Zeitung verdienen. An manchen Tagen habe ich bis vier Uhr morgens gearbeitet und bin um acht Uhr zum Konservatorium gegangen. Es waren schwierige vier Jahre. Im Jahr 2000 habe ich das Konservatorium abgeschlossen.

Im Konservatorium brodelte die Gerüchteküche. Es gab kaum ein Mädchen, mit dem ich angeblich nicht geschlafen hatte. Erst mit 23 habe ich mich zu meiner Homosexualität bekannt. Ich erinnere mich genau an diesen Tag. Zu Besuch bei meiner Schwester in Istanbul, färbte ich gerade ihr Haar.

»Ich schaffe es nicht«, sagte ich. Sie fragte: »Was schaffst du nicht?« »Ich kann nicht mit Frauen zusammen sein. Ich fühle nichts.« Meine Schwester hatte zu dieser Zeit gerade Probleme mit ihrem Ehemann. Ich war verwundert, als sie mit den Worten herausplatzte: »Mach doch, was du willst. Lebe dein Leben. Du folterst dich doch selbst.« Dieser Tag brachte für mich die Wende. Sich nicht mehr verstecken zu müssen. Nicht nach den Wünschen anderer Leute zu leben, sondern für sich selbst zu entscheiden. Als ich akzeptiert hatte, dass ich schwul bin, kam ich mir wie eine Person vor, die 23 Jahre lang gelogen hatte. Nach dem Tag der Offenbarung gegenüber meiner Schwester hat es übrigens noch sechs Monate gedauert, bis ich meine erste sexuelle Erfahrung gemacht habe. Auf Grund meines Status bin ich heute ein anerkannter Homosexueller. Es hätte anders kommen können. Wäre ich nicht Sohn eines Beamten gewesen, hätte ich nicht die Chancen des sozialen Aufstiegs gehabt, wäre ich heute vielleicht der ausgegrenzte Schwule im Dorf, dem die Männer an den Arsch fassen.

Ich glaube, mein Leben hat dazu geführt, dass ich mich an den Tod gewöhnt habe. Mein Vater starb, als ich sieben Jahre alt war. Drei meiner acht Geschwister sind gestorben. Ich war 13 und fuhr gerade vor dem Haus Fahrrad, als eine meiner Schwestern beim Ausklopfen von Teppichen vom Balkon stürzte. Ich habe gesehen, wie sie fiel. Ein Bruder starb bei einem Verkehrsunfall. Ein weiterer Bruder ging als Partisan in die Berge und starb dort. Ich habe gelernt, nach diesen Todesfällen weiterzuleben. Andere verstehen häufig nicht, wie sachlich ich darüber erzählen kann, dass ich manchmal sogar darüber lache. Ist es nicht die unsinnigste Art zu sterben – beim Ausklopfen von Teppichen auf dem Balkon? Doch es passiert. Ist der Tod nicht auch eine Lösung? Als Kind habe ich viel Sympathie für den Tod empfunden. Als Kind dachte ich

wiederholt über den Freitod nach. Morgen früh gibt es dich nicht mehr. Morgen früh wachst du nicht mehr auf. Als ich neun, zehn Jahre alt war, habe ich oft eine Rasierklinge in die Hand genommen. Doch ich war feige. Ich hatte nie den Mut, den Freitod zu wählen.

Als ich 1996 zum ersten Mal zum Mesopotamischen Kulturzentrum in Istanbul ging, herrschte dort eine ganz andere Atmosphäre als heute. Es erinnerte mich an meinen Auftritt in der Parteizentrale in Diyarbakır, wo sie mich für einen Spion gehalten hatten. Ich möchte das Kulturzentrum nicht abwerten. Es wurde durch die Umstände der Zeit geformt. Zu Anfang hatte ich mich an der Theatergruppe beteiligt. Es sollte eine Improvisation sein, bei der einer den Polizisten, einer den Folterer und ein anderer das Opfer spielt. Doch nur Getümmel auf der Bühne. Was soll das? Ist das Theater oder das Treffen einer Kampfsportgruppe? Ich übertreibe etwas, aber so habe ich es damals wahrgenommen. Eines Tages improvisierte ich einen kurdischen Jugendlichen, der drogenabhängig ist. Seine Probleme, sein Verhältnis zu seiner Familie. Einer unterbrach: »Kurdische Jugendliche sind nicht so.« Was soll man da sagen? Ich sagte: »Scheiß auf kurdisch. Scheiß auf türkisch.« Ich bin weggegangen. Nach langer, langer Zeit habe ich einen neuen Versuch gemacht. Dieses Mal sollte eine kurdische Prostituierte gespielt werden. Es forderte viel Mühe.

Ich habe als Dramaturg im Kulturzentrum »Die Zofen« von Jean Genet und »Der gefesselte Prometheus« von Aischylos aufgeführt. Auf Kurdisch. Wer wirklich kurdisches Theater will, muss zuerst die Klassiker kennen. Ohne Grundlage, ohne Basis führt der Weg ins Leere. Wer eine Theaterkultur will, muss Stein auf Stein legen. Ohne »Othello« zu kennen, kommt man nicht weiter. Manche werfen mir vor, ich sei spießig. Man müsse Volkstheater machen. Ein Unsinn! Zuerst muss man sich

natürlich über die Zielgruppe klar werden. Als das Projekt mit
»Mem û Zîn« begann, habe ich den Verantwortlichen im Kulturzentrum klargemacht, dass ich mich offen zu meiner Homosexualität bekenne. Nur wenn ich mit meiner sexuellen Identität akzeptiert werde, bin ich bereit, das Projekt anzugehen.
Sie akzeptierten. Die Proben machen unglaublich viel Freude.
Jüngst hat mir eine Schauspielerin in der Gruppe gesagt: »Toll,
dass du bei uns bist. Ohne dich würden wir es nicht schaffen.«
Es hat mich beglückt. Wir zerstören zusammen Tabus.

schwul / lesbisch sein in Deutschland

■■■ Schätzungen zufolge leben in Deutschland 4,2 Mio. erwachsene Homosexuelle ■■■ Ursprünglich abwertend gebraucht, wurde die Bezeichnung »schwul« im Rahmen der Emanzipationsbewegung von der Schwulenszene selbst, auch als politischer Kampfbegriff, übernommen und positiv besetzt ■■■ Der § 175 StGB, der während der NS-Zeit die gesetzliche Grundlage für die Verfolgung Homosexueller bildete, wurde 1949 unverändert in das Grundgesetz der Bundesrepublik übernommen und erst 1969 modifiziert ■■■ 1969 wurde die Strafbarkeit einvernehmlicher Homosexualität unter Erwachsenen über 21 Jahre, 1973 über 18 Jahre aufgehoben ■■■ 1994 wurde der § 175 StGB gestrichen ■■■ Auf Grund gestiegenen Selbstbewusstseins und eines Einstellungswandels der Gesellschaft gehört das Zusammenleben homosexueller Paare heute weitgehend zur Normalität ■■■ Gay Parades finden sowohl in Städten als auch in ländlichen Gebieten statt ■■■ Seit dem 1. August 2001 sind eingetragene Lebenspartnerschaften (die sog. »Homo-Ehe«) möglich (BVerfG vom 18. 7. 2001) ■■■ Trotzdem bleiben Benachteiligungen, z. B. im Bereich des Steuer- und Erbrechts, bei der Besoldung und der Hinterbliebenenversorgung, bestehen ■■■ Forderung nach gesetzlicher Gleichstellung mit der bürgerlichen Ehe in allen Bereichen; vgl. entsprechende europäische Richtlinien ■■■ Die größte bundesweit tätige Selbsthilfeorganisation ist der Lesben- und Schwulenverband in Deutschland (www.lsvd.de) ■■■ Die Wirtschaft entdeckt Homosexuelle als kaufkräftige und reisefreudige Klientel ■■■ Prominente (auch Politiker) bekennen sich zunehmend öffentlich zu ihrer homosexuellen Orientierung ■■■ Die Thematisierung in TV-Produktionen nimmt zu ■■■ Anfang November 2003 fand in Berlin der Erste Bundeskongress türkischstämmiger

138

Homosexueller statt ▪▪▪ Viele Migranten aus islamischen Ländern werden in ihren Herkunftsländern diskriminiert, in Deutschland häufig doppelt ▪▪▪ Türkischstämmige Lesben und Schwule gründeten den Verein Gays & Lesbians (www.gladt.de) **(cs)**

schwul / lesbisch sein in der Türkei

▪▪▪ Die Geschichte der Homosexuellenbewegung in der Türkei ist geprägt von starker sozialer Diskriminierung und Gewalt bis hin zu Menschenrechtsverletzungen ▪▪▪ 1987 erstatteten 18 türkische Homosexuelle erstmalig Strafanzeige gegen Polizeikräfte und traten anschließend in einen öffentlichen Hungerstreik auf dem Taksim-Platz in Istanbul ▪▪▪ 1993 und 1994 wurden in Ankara und Istanbul die ersten schwulen und lesbischen Interessenorganisationen gegründet ▪▪▪ Die Gruppe Lambda, Istanbul (www.lambdaistanbul.org), veranstaltete 1993 die erste internationale Begegnung Homosexueller in der Türkei, startete 1996 das erste schwule Rundfunkprogramm und rief 1999 eine Telefonseelsorge ins Leben ▪▪▪ Die 1994 in Ankara gegründete Gruppe Kaos GL (www.kaosgl.com) gibt die gleichnamige Zeitschrift heraus (offiziell seit 1999), unterhält seit 2000 ein Kulturzentrum, eröffnete die erste Gay-Bücherei und organisierte im Mai 2003 erstmalig ein akademisches Symposium ▪▪▪ In der Türkei gibt es weder die eingetragene Lebenspartnerschaft noch Gleichstellungsgesetze ▪▪▪ Das türkische Strafgesetzbuch sieht Strafverfolgung unter der allgemeinen Formulierung »Erregung öffentlichen Ärgernisses« vor, die eine breite Handhabung zum Vorgehen – nicht nur – gegen Homosexuelle schafft ▪▪▪ Im Zuge der EU-Anwärterschaft der Türkei wird die Diskussion um Homosexuelle als Barometer für die Demokratie der türkischen Gesellschaft verstanden **(bk)**

anders sein anders sein anders sein anders s
anders sein anders sein anders sein anders sein anders s
sein anders sein anders sein anders sein anders sein an
anders sein anders sein anders sein anders sein and
anders sein anders sein anders sein anders sein anders se
anders sein anders sein anders sein anders sein anc
sein anders sein anders sein anders sein anders sein ande
anders sein anders sein anders sein anders sein anders s
sein anders sein anders sein anders sein anders se
anders sein anders sein anders sein anders sein and
sein anders sein anders sein anders sein anders s
anders sein anders sein anders sein anders sein anders se

anders sein anders sein anders sein anders sein anders sein
anders sein anders sein anders sein anders
anders sein anders sein anders sein anders sein
anders sein anders sein anders sein anders sein
anders sein anders sein anders sein anders sein anders sein
anders sein **dick sein** anders sein anders
anders sein anders sein anders sein anders sein anders
anders sein anders sein anders sein anders
anders sein anders sein anders sein anders sein anders sein
anders sein anders sein anders sein anders sein anders
anders sein anders sein anders sein anders sein anders sein
anders sein anders sein anders sein anders sein anders

Kampf um Rechte

Ümit, der kommunikative Fernsehkoch

52 Jahre

Ümit Sevinç weiß, was er will. Er hat Uhrzeit und Ort des Treffens bestimmt: um 13 Uhr im Develi im Istanbuler Stadtteil Samatya, eines der besten Kebab-Restaurants in Istanbul. Er weiß, dass man zu dieser Jahreszeit Kebab mit Pistazien, dazu einen Berg Gavurdağı-Salat bestellt. Kein Alkohol. Mittags trinkt er nicht. »Wir Dicken«, beginnt er den Satz, »sind nicht wie die anderen. Wir sind wählerisch. Die Dünnen essen, die Dicken essen nur, wenn es Gaumenfreude bereitet. Der Kebab schaut mich an, ich schau den Kebab an. Wären der Kebab und unsere Laune beim Gespräch nicht gut, ich würde ihn stehen lassen. Im Kopf spielt sich alles ab.« Auch beim Alkohol. Allein rührt Ümit keinen Tropfen an. Nur abends mit Freunden bei einem guten Essen, wenn er frei und unbekümmert feiert.

Der 52-Jährige ist seit 14 Jahren ein berühmter Mann. Damals ging das erste türkische Privatfernsehen auf Sendung. Der Reiz des Neuen führte dazu, dass die überwältigende Mehrheit der Türken statt des staatlichen Senders TRT den ersten Privatsender Star einschaltete. Ümit war der Koch der Fernsehgesellschaft. »Eines Tages bedrängten mich die Fernsehleute. Ümit, du schaffst das. Versuch es. Vor der Kamera sollte ich plötzlich kochen.« Im Nu eroberte der Dicke, der nicht nur vorzüglich

kocht, sondern charmant im Umgang mit Menschen ist, die
Herzen von Millionen – vor allem die der Frauen. Sie sind
die Zuschauergruppe, die sich tagsüber Kochprogramme anschaut. Tag für Tag hat er seit dieser Zeit Kochsendungen pro-
duziert. Er wurde abgeworben und wechselte mehrmals den
Fernsehsender. Heute gibt es wohl Dutzende Kochsendungen
auf türkischen Kanälen. Doch Ümit blieb der Erste und Beste.
Rezepte aufsagen und vorkochen kann jeder. Mit Menschen
kommunizieren können nur wenige. Ümit, der Dicke, kann
kommunizieren.

Sein Lebensweg ist mit bösen Erinnerungen gepflastert, weil
Menschen ihm die Kommunikation verweigerten. Er war das
Objekt des Spottes, wurde ausgelacht, ausgegrenzt und misshandelt – ausschließlich aus einem Grund: Ümit ist dick. Ümit
kommt in Fahrt, wenn das Thema Dicksein angesprochen
wird. »Selbst bei Behörden behandeln sie dich wie den letzten
Dreck. Dabei ist es die verdammte Pflicht des Beamten, den
Papierkram zu erledigen. Stattdessen kommen blöde Sprüche.
Wenn ich mich auf das Spiel einlassen würde, wenn ich erlaubte, dass mit mir gespottet wird, würde mein Problem
vielleicht gelöst. So wird es nicht gelöst.« Im Laufe der Jahre
hat Ümit gelernt, wie man damit umgeht, Objekt des Spottes
zu sein. »Heute lächele ich darüber. Ich lächele darüber, weil
ich das Problem rationalisiere. Übergewicht kann nicht Ge-
genstand des Spottes sein. Wenn jemand über mein Gewicht
lacht, lache ich zurück. Mich ins Lächerliche zu ziehen, rührt
aus seiner Dummheit.« Ümit zitiert gerne den verstorbenen
türkischen Schriftsteller und Satiriker Aziz Nesin, der sich in
unzähligen satirischen Kurzgeschichten mit gesellschaftlicher
Verblödung auseinander setzte. Dessen Spruch »95 % Prozent
der Türken sind dumm« wurde zu einem seiner Lieblings-
zitate.

Er sei als Jugendlicher der Schwarm der Mädchen gewesen, erzählt Ümit. »Bauchtanz kann ich wirklich gut.« Selbst wenn er mit einer Freundin in die Taverna ging, forderten ihn andere Mädchen zum Tanzen auf. Die männliche Konkurrenz kochte vor Wut. Sprüche wie: »Warum tanzt dieses Mädchen mit einem Dicken?« sind grausam. »Du wirst als Mensch zweiter Klasse abgestempelt. Wenn ich als Dicker Erfolg bei Mädchen habe, ruft das den Neid der anderen hervor, oder aber ich werde von Jungen angesprochen, doch eine abzugeben. Erfolg, obwohl man dick ist, ist unausstehlich. Egal, ob Erfolg bei Mädchen oder Erfolg im Beruf.«

Seine erste Jugendliebe entbrennt auf einer Dorfhochzeit in Edirne. Er weiß noch, dass er eine Sonnenbrille von Ray Ban trug. Mit einem Mädchen kommt es zum Flirt, und er »entführt« es. So genannte »Entführungen« sind auf Dörfern gang und gäbe. Es bedeutet, dass das Paar ohne Einwilligung der Eltern flieht. Was folgt, ist eine zwar nicht amtlich anerkannte, damals aber recht verbreitete Imam-Ehe. Ein Geistlicher vollzieht die Trauung. Nachdem die Verwandten den Ort des Liebespärchens aufspüren, wird ihm seine Freundin entrissen. Der einzige Grund, warum die Familie nicht mit dem Bräutigam einverstanden ist: Ümit ist dick. Heute lebt er mit seiner jetzigen Freundin seit zehn Jahren zusammen. In dieser Beziehung wurde das Dicksein nie zum Problem.

Bevor Ümit zum Fernsehen ging, hatte er ein Restaurant unmittelbar in der Nähe des Großen Basars in Istanbul geführt. Das Restaurant hat er vom Vater übernommen, von dem er voller Achtung erzählt. Ümits Vater stammt aus Halfeti in der Provinz Gaziantep – eine der besten regionalen Küchen. Über Halfeti kommt Ümit ins Schwärmen: »Halfeti hat eine besondere Geographie. Das Land dort ist sehr fruchtbar. Am Rande des Euphrat wachsen Melonen, die 15 bis 20 Kilo wiegen.

Leider steht ein großer Teil des Landes heute unter Wasser, nachdem ein Staudamm errichtet worden ist. Ich bin in Istanbul geboren, da mein Vater in jungen Jahren hierher kam. Ein Einwanderer. Er hat sich hochgearbeitet bis zum Chefkoch des Moda Deniz Kulübü, eine feine Adresse. Ich weiß aus Erzählungen, dass er für ganz berühmte Persönlichkeiten gekocht hat. Er ist sogar nach Ankara gerufen worden, um für den Republikgründer Atatürk das Essen zu bereiten. Als mein Vater in Rente ging, musste ich zum Moda Deniz Kulübü, um Dokumente zu besorgen. Als ich dort sagte, dass ich der Sohn von Ali Kemal sei, wurde ich wie ein König empfangen. Er muss wohl große Dienste geleistet haben. Ich bin stolz auf ihn. Ich habe den Beruf meines Vaters ergriffen, obwohl er es nicht wollte.«

Ümit wächst in einer multikulturellen Umgebung auf. Voll Respekt berichtet er von dem Armenier Halg Efendi, der vor seinem Ruhestand das Restaurant an Ümits Vater übergab. »Er war ein perfekter Mensch, ein großer Meister«, erzählt Ümit. In der ersten Zeit nach der Übergabe stand Halg Efendi ihm noch eine Weile zur Seite. Vom fliegenden Händler, der Sandwiches verkauft, war Halg Efendi zum Restaurantbesitzer aufgestiegen. »In die Kunst des Kochens hat er mich eingeführt.« Von der Pike auf lernt Ümit das Geschäft. Er ist Tellerwäscher, der Mann am Grill, Hilfskellner. Und er lernt, dass gute Gerichte alleine für den Erfolg nicht ausreichen. Der Kunde muss sich richtig wohl fühlen, wenn er im Restaurant ist. Dem Kunden muss geschmeichelt werden. Die beiden griechischen Kellner Apostol und Kosmo machen es ihm vor. »Mein Pascha« ist ihre Lieblingswendung, um Kunden zu empfangen. An Trinkgeldern mangelt es nie. »Es gab Kunden, die sind nicht reingegangen, wenn Kosmo oder Apostol nicht servierten.« Es brauchte lange Zeit, bis Ümit so professionell mit Kunden umgehen

konnte. Schließlich ist auch er so weit. »Das Trinkgeld ist der glänzende Lack. Der Beweis, dass deine Arbeit honoriert wird.« Als Ümit ebenso viel Trinkgeld wie Kosmo und Apostol kassiert, ebenso beliebt ist wie sie, ist er glücklich.

»Wenn Leute auf Armenier oder Griechen schimpfen, dann tun sie das deshalb, weil sie selbst erfolglos sind«, meint Ümit. »Nehmen wir die armenischen Goldschmiede. Sie machen so gute Arbeit. Dann kommen die Nichtsnutze, die nichts auf die Reihe kriegen, und fangen mit Feindseligkeiten gegenüber Armeniern an.« Sozialer Neid gehe in Feindschaft über. Eine andere Sprache, eine andere Religion reiche als Grund oftmals aus. Doch wie ist es bei Dicken? Bei Dicken nehmen sich die Menschen das Recht heraus, sie zu Spottobjekten zu degradieren. »Wenn du dick bist, können sie über dich spotten, egal, ob du Professor oder Schriftsteller bist.«

In der Türkei sei es um Dicke ganz schlecht bestellt, meint Ümit. In den USA und in Europa sei man Dicke gewöhnt. In der Türkei finde er selbst keine Unterwäsche. Er beziehe sie teuer aus dem Ausland. »Wissen Sie, warum die Dicken in der Türkei alle in zerlumpten Klamotten herumlaufen? Ganz einfach. Sie finden nichts, was sie sich kaufen können. Der Dicke findet keine Schuhe, keine Hemden, keine Hose.« Häufig bleibe nur der Weg zum Schneider. »Da zahlt man sich dann dumm und dämlich wegen der Übergröße.«

»Dicke haben keine Rechte. Auf diesem Standpunkt steht die Gesellschaft.« Zusammen mit Gleichgesinnten hat er einen Verein gegründet, um die Rechte der Dicken einzuklagen. »Wir wurden gefragt, ob es unser Ziel ist, das Übergewicht loszuwerden. Nein. Dafür gibt es Ärzte, dafür gibt es Experten, an die sich jeder wenden kann. Wir fordern einfach unsere Rechte. Haben wir kein Recht auf eine Busreise, einen Kino- oder Theaterbesuch?«

Dabei steht Ümit dem Dicksein selbst kritisch gegenüber. Lange kann er über schlechte Ernährung, über die Gefahren ständigen Fastfood-Konsums und die Bedeutung von Gemüse erzählen. Er weiß um die gesundheitlichen Risiken. Schon mehrfach hat er unter ärztlicher Kontrolle eine Diät durchgeführt. Die Intoleranz der Gesellschaft gegenüber Dicken hat ihn zu einem Kämpfer gemacht. »Ich verstehe es einfach nicht. Dicke schaden nur sich selbst. Sie fügen keinem anderen Schaden zu. Warum werden wir so schlecht behandelt? Warum diese Intoleranz?« Ümit weiß, wie man Ignoranten in die Knie zwingt. Selbstironisch meint er: »Die Gesellschaft sollte uns dankbar sein. Ohne uns wüsste sie vielleicht nicht, wie sie sich belustigen soll.«

Von der Hölle in den Himmel

Melek, die nicht mehr dicke Hausfrau

32 Jahre

Ich habe meistens ein Foto in der Handtasche. Ein Foto von mir aus der Zeit, als ich noch richtig dick war. Ich wog einst 197 Kilo. Jetzt wiege ich 82 Kilo. Heute gehe ich auf dicke Menschen zu, komme sofort mit ihnen ins Gespräch. Ich weiß schließlich aus eigener Erfahrung, wie dicke Menschen leiden müssen. Indem ich ihnen meine alten Fotos zeige, versuche ich sie zu überzeugen, dass sie sich nicht mit dem Dicksein abfinden müssen. Ich erzähle ihnen von meiner Operation, die mein Leben verändert hat. Davor habe ich so gelitten. Anderen Menschen möchte ich deswegen jetzt helfen.

An meine Kindheit werde ich am liebsten überhaupt nicht erinnert. Vieles habe ich verdrängt. Wir sind vier Geschwister. Ich bin die Älteste und war die einzige Dicke in der Familie. Meine Eltern und Großeltern – wir wohnten in einer Wohnung – wollten nicht, dass ich so viel esse. Ich hörte jedoch nicht auf sie und stopfte sehr viel in mich rein, auch zwischen den Mahlzeiten. Oft machte ich mir Sandwiches, ging auf die Terrasse und aß heimlich. Als junges Mädchen fing ich bereits an, dicker zu werden. Es ist schrecklich, wenn alle mit dem Zeigefinger auf dich deuten. In der Grundschule war der Sportunterricht das Schlimmste für mich. Alle nahmen teil, ich aber

wollte nicht, konnte nicht. Der Lehrer hatte glücklicherweise Verständnis. So wurde ich vom Sportunterricht befreit. So erleichternd es für mich war, nicht teilnehmen zu müssen, so schlimm war es andererseits, ein Sonderling zu sein.

Nach der Grundschule war Schluss für mich mit der Schule. Ich koche noch immer vor Wut, wenn ich heute daran denke. Meine Großeltern hatten zu Hause das Sagen. Ich wollte weiter auf die Schule, doch die Großeltern haben es mir nicht erlaubt. »Alle werden dich auslachen«, sagten sie. Ganze Nächte habe ich geweint. Ich habe meine Großeltern angefleht. »Bitte, bitte, ich möchte zur Schule.« Es hat alles nichts genützt. Ich musste zu Hause bleiben, mit elf Jahren. Ein Jahr später, als meine Schwester, mit der ich mir das Zimmer teilte, in die Mittelschule ging, habe ich es noch mal versucht. Sie stellten sich stur. Ich durfte nicht auf die Schule.

Meine Großeltern sind nicht mehr am Leben. Doch meine Wut hat sich nicht gelegt. Ich glaube, dass ich klug und intelligent bin, und bin mir sicher, dass ich später Karriere gemacht hätte, wenn ich damals weiter zur Schule gegangen wäre. Was ist stattdessen passiert? Mit 16 Jahren habe ich geheiratet und dann ein Kind zur Welt gebracht. Warum? Wegen dem ungeheuren Druck der Familie. »Melek, du bist dick. Heirate, du kriegst keinen besseren Mann.« Ich liebe meinen Mann. Aber trotzdem bereue ich die Entscheidung von damals. Nachdem sie mir verboten hatten, zur Schule zu gehen, hockte ich die ganze Zeit zu Hause rum. Sie wollten noch nicht einmal, dass ich arbeite. Es war ein Kampf. Ich konnte nach einem Jahr zumindest durchsetzen, dass ich arbeiten ging. Mit zwölf habe ich in einer Textilmanufaktur angefangen. Klar, in der Textilmanufaktur haben sich viele über mich lustig gemacht. Da war ein Kerl, der mit dem Boss verwandt war. Ich bin ein paar Mal mit ihm ausgegangen. Dann war Schluss. »Mit so einer fetten

Braut geht man doch nicht aus«, hat er anderen erzählt. Dann habe ich als Verkäuferin in einem Glas- und Porzellanladen gearbeitet. Ich war nie wählerisch, was Flirts mit Jungen anging. Ich nahm, was kam. Tolle Typen wollten ohnehin nicht mit mir ausgehen. Die Schuld sah ich bei mir. Ich dachte, ich bin dick, hässlich und irgendwie selber schuld. Dann mit 16 kam die Heirat. Sofort danach kam meine Tochter zur Welt. Schluss mit dem Arbeitsleben.

Die schlimmste Zeit sollte noch kommen. Während der Schwangerschaft nahm ich 30 Kilo zu. Nach der Geburt hatte ich mit dem Leben abgeschlossen, glaube ich. Fix und fertig war ich damals. Ich ließ mich ganz hängen, machte nichts im Haushalt, kümmerte mich kaum um meine Tochter und nahm von Tag zu Tag zu. Es gab nur Essen in meinem Leben. Häufige Grillpartys zu Hause auf dem Balkon, und ich aß und aß. Heute koche ich kaum noch. Zu kochen bedeutet für mich keine Freude, sondern nur noch Mühe und Qual. Für meinen Mann und meine heute 16-jährige Tochter ist das leider sehr schwierig. »Du bist faul. Du bist ein Nichtsnutz«, sagten meine Großeltern. Ich habe mich zunehmend abgeschottet, zu Hause eingesperrt, wollte mit der Außenwelt nichts mehr zu tun haben. Niemand hat damals zu mir gesagt: »Komm, lass uns zum Arzt gehen.« Wagte ich mich mal in die Außenwelt, so endete dies meist schrecklich. Einmal ging ich zum Beispiel mit meiner Tochter die Einkaufsstraße entlang. Alle zeigten auf mich, alle lachten mich aus. Obwohl meine Tochter noch ganz klein war, hat sie natürlich alles mitgekriegt. Ihre Reaktion war, auf die Leute zu schimpfen: »Lasst meine Mutter in Ruhe.« Noch heute – meine Tochter ist jetzt 16 Jahre alt – hat sie einen sehr starken Reflex, mich zu verteidigen. Ich sah oft, wie meine Tochter wegen mir leiden musste. Das trieb mich gänzlich zur Verzweiflung. Meine eigene Familie verhielt sich

nicht viel besser. Meine Eltern, Großeltern und Geschwister wollten zu einem Sommerhäuschen am Meer fahren. Ich und meine dreijährige Tochter wurden noch nicht einmal gefragt, ob wir mitkommen möchten. Ich denke, sie schämten sich wegen mir, wollten mich nicht dabeihaben. Die eigene Familie verhielt sich fast ebenso schrecklich, wie Fremde sich verhalten. Noch heute wundert es mich, dass ich es geschafft habe, mich aufzurappeln.

Eine Zeit lang habe ich es mit Gymnastik probiert. Es war verdammt schwer, in ein Fitnesscenter zu gelangen. Die Sammeltaxis haben mich nicht mitgenommen. Mein Mann machte es mir leichter: »Ärgere dich nicht, nimm ein Taxi.« Im Fitnesscenter traf ich eine Frau, die vielleicht 60 bis 70 Kilo gewogen hat und die Stirn hatte, mir zu sagen: »Ich habe große Probleme. Ich bin zu dick. Ich muss unbedingt fünf Kilo abnehmen.« Sie war eine Hexe! Ich habe geschrien: »Willst du, dass ich mir die Pulsadern aufreiße? Willst du mich verrückt machen? Ich wiege 150 Kilo zu viel!«

Dann kam der Wendepunkt. Irgendwann bekam ich Blutungen, und meine Kreislaufprobleme wurden immer schlimmer. Ich war krank. Im Krankenhaus ging ich lange Zeit ein und aus, bis ich schließlich an die Universitätsklinik Cerrahpaşa überwiesen wurde. Nach 15 Tagen Krankenhausaufenthalt wurde ich operiert. Gott danke ihnen. Das war vor sechs Jahren. Danach habe ich abgenommen. Heute wiege ich 82 Kilo. Alles hat sich nach dieser Operation verändert. Vorher hatte ich kein soziales Leben, konnte nicht ins Kino, konnte nicht in Geschäfte. Heute gehe ich bummeln und kaufe mir Klamotten – etwas, was ich vorher nie machen konnte. Ich fühle mich wohler und schön. Stellen sie sich vor: Männer fragen mich plötzlich, ob ich Fotomodell sei. Auf einmal habe ich ein ungeheures Selbstvertrauen. Ob das gut ist? Ich sage mir: »Du hast jetzt

Normalgewicht. Du kannst machen, was du willst. Hingehen, wo du willst.« Ist das nicht unglaublich?

Es ist ein Unterschied wie zwischen Himmel und Hölle. Alles hat sich geändert. Mein Mann ist plötzlich eifersüchtig. Früher war er das nie. Aber klar. Früher haben die Männer mich ausgelacht. Heute finden sie mich attraktiv. Da kommen Männer, die viel jünger sind als ich, und fragen, ob sie mit mir ausgehen können. So etwas kenne ich überhaupt nicht. Manchmal bin ich jedoch ziemlich durcheinander. Eigentlich darf man den Menschen nicht vertrauen. Wo waren sie früher? Früher wurde ich wie jemand behandelt, der eine ansteckende Krankheit hat. Wie jemand, der die Pest hat. Dabei habe ich doch niemandem Schaden zugefügt. Übergewicht schadet nur einem selbst, aber nicht anderen.

Heute reißen sich Menschen darum, sich mit mir zu treffen. Ständig klingelt das Handy, und ich erhalte SMS in Hülle und Fülle. Früher wollten sie mich nicht in ihren Reihen haben. Heute heißt es: »Mit Melek kann man gut quatschen.« Deshalb glaube ich, dass man den Menschen nicht trauen darf. Nur mein Gewicht hat sich geändert. Sonst bin ich doch die alte Melek. Vielleicht bin ich zu unvorsichtig geworden. Vor kurzem hat ein wildfremder Mann nach meiner Handy-Nummer gefragt. Und ich habe sie ihm gegeben. Ich glaube, ich ticke nicht mehr richtig. Vielleicht will ich Rache nehmen an den Menschen. Früher habt ihr mich nicht aufgenommen, dafür müsst ihr mir jetzt hinterherlaufen. Ich werde mit euch spielen. Ich werde mit euch spielen, als wärt ihr nichts weiter als Spielzeug, und wenn ich die Nase voll habe, schmeiße ich euch einfach weg. Ich nehme mir, was ich will. Und dann sage ich: »Hau ab.« Ich nehme Rache.

Zwischen dick und dünn

Ronny, der schüchterne Punk

25 Jahre

Ich bin in Berlin-Kaulsdorf in der ehemaligen DDR geboren. Meine Mutter war sehr dick, und auch meine Geschwister sind kräftig gebaut. Diese Veranlagung liegt stark in der Familie. Bis zu meinem dritten Lebensjahr musste man sich um mein Gewicht keine Sorgen machen. Nach einem Urlaub habe ich jedoch zugelegt und wurde ein dickes Kind. Als ich dann in den Kindergarten gekommen bin, hat man versucht, auf das Gewicht zu achten. Richtig hingehauen hat das nicht. Bei Mutti schmeckte es eben. Nach der Einschulung hatte ich bereits Probleme wegen meiner Figur. In DDR-Zeiten passte man als dickes Kind nicht ins Schema. Als Kind der DDR hatte man athletisch, ein sportlicher Geist zu sein. Man wurde nicht unbedingt ausgegrenzt in der Schule, aber man wurde angehalten abzunehmen. Insbesondere im Sportunterricht wurde Druck ausgeübt. Ich musste Extrarunden laufen, ein Spießrutenlauf. Ich habe meine Sportlehrer in der Grundschule gehasst. Sie haben mich wirklich gequält, weil ich den Normen nicht entsprochen habe. Wegen meiner Leistungen wurde ich als Sonderling abgestempelt. Meine Lehrer mochten mich zwar gut leiden, als Persönlichkeit hatten sie mich gern, aber ich entsprach den Normen nicht, konnte

100 Meter nicht in einer bestimmten Zeit laufen, konnte nicht die Stange hochklettern. Da musste ich eben Spießrutenlaufen. Durch andere Talente und Fähigkeiten habe ich versucht, diese körperlichen »Mängel« auszugleichen.

Richtig gehänselt wurde ich wegen meines Gewichts eigentlich nie. Ich stand nicht außerhalb der Gruppe. Durch Persönlichkeit, Aufgeschlossenheit und Teilnahme an den verschiedensten Aktivitäten habe ich es geschafft, mich in Gruppen zu integrieren. Meine Person wurde akzeptiert. Somit war ich zwar noch dick, aber trotzdem dabei. Ich habe in der Schulzeit viel Theater gespielt und war ein relativ guter Schüler. Das machte vieles wett. Die Rolle des Klassenclowns habe ich auch innegehabt. Trotzdem kamen Schüler mit Fragen und Problemen zu mir. Ich war elf Jahre alt, als die Wende kam. Danach wurden auch andere Geschichten gefördert. Ich konnte zum Beispiel sehr gut Volleyball spielen, fuhr Fahrrad und schwamm. Meine Eltern zogen nach Schleswig-Holstein, wo ich auf eine Hauptschule ging. Später zogen wir wieder nach Berlin, und ich wechselte auf eine Gesamtschule.

Sicher, Kinder können grausam sein. Sie hänseln. Sie haben Sprüche, die ich mir immer wieder anhören musste: »Deutsche Panzer rollen wieder«, »Specki-Tonne«. Schmerzlicher war, wenn Erwachsene, die eigentlich mehr Akzeptanz haben müssten, über mich lästerten. In einer Straßenbahn – ich war elf oder zwölf Jahre alt – saß mir einmal ein Erwachsener gegenüber, der lästerte: »Guck dir mal dieses fette Schwein an!« Das tut einfach weh. Erwachsene sollten ja eigentlich ein gewisses Maß an Akzeptanz haben. Dem ist nicht so. Für mich war es ganz wichtig, mit meiner Mutter zu reden. Sie war immer für uns da, wenn es Probleme gab. Selbst dick, wusste sie, wie wir uns fühlten, und hat uns Kinder einerseits getröstet, andererseits das Weltbild vermittelt, dass jeder eine eigenstän-

dige, wertvolle Person ist, egal, was andere Leute über Äußerlichkeiten lästern. Ich glaube, dass die Gespräche mit meiner Mutter gefruchtet haben.

Die kleinen Alltagsdinge schmerzen oft am meisten. Ich war 15 Jahre alt, als wir eine Klassenfahrt nach Österreich machten. An der Seilbahn bekam ich zu hören: »Du kannst nur alleine fahren, denn du wiegst zu viel.« Auf einem Rummelplatz hieß es einmal: »Du kannst nicht mitfahren. Du kriegst den Haltebügel nicht rüber.« Warum ist die Welt nur für so genannte »Standard-Menschen« ausgelegt? Warum ist die Welt nicht für alle existierenden Arten von Menschen angelegt? Liegt es an einem selbst oder an der Situation, dass nur an Normmenschen gedacht wird? Diese Alltagsgeschichten ziehen dich runter. Ein anderes Beispiel, das einer Person, die ich kenne, widerfahren ist, sind Straßencafés. Man trifft sich mit Freunden in einem Straßencafé und will sich hinsetzen. Dort stehen aber nur diese total schmalen Gartenstühle mit Lehne und man passt einfach nicht hinein in diesen Stuhl. Das ist so unglaublich verletzend. Es wird dann davon ausgegangen, dass du es nicht wert bist, dort zu sitzen, weil du zu dick bist. Du kommst halt nicht in den Stuhl rein, Punkt aus.

Mit 19 Jahren habe ich über 150 Kilo gewogen. Ich hatte den Realschulabschluss und bewarb mich um einen Ausbildungsplatz. Dutzende Bewerbungsgespräche musste ich führen. Der Gesichtsausdruck der Menschen ändert sich, wenn sie einen persönlich sehen. Man merkt, wie sie einen von oben bis unten begucken, abwertend und abschätzig. Die Begründungen, warum sie mich nicht haben wollten, waren mehr als fadenscheinig. Mein guter Abschluss, meine Redegewandtheit bei Bewerbungsgesprächen hatten alles nichts genützt. Mein Äußeres blockierte alles. Wenn man zwei Jahre auf einen Ausbildungsplatz warten muss, zweifelt man irgendwann an sich

selbst. Was macht man falsch? Passiert alles, weil man zu dick ist, oder erfüllt man die nötigen Anforderungen nicht? Man zweifelt an sich selbst. Das Dicksein spielt eine ungeheuer wichtige Rolle bei all dem. Es gelingt vielleicht noch, nicht von deiner Meinung abzugehen, dass es auf das Äußere nicht ankommt. Aber doch auch nicht ganz.

Meine Mutter hat mich immer unterstützt, doch von Großeltern, von Onkel und Tante gab es Hänseleien. Es war unangenehm, von seiner Großmutter zu hören: »Iss nicht so viel.« Man bekam einen Teller zu Mittag, und das sollte dann reichen. »Du bist dick genug.« Mein Onkel, der ein sehr fordernder, nur auf Äußerlichkeiten bedachter Mensch ist, hat mich mit Spitznamen und bösen Sprüchen aufgezogen. Man konnte mit ihm darüber nicht ins Gespräch kommen. Er hat Sprüche geklopft, Diskussionen aber ist er aus dem Weg gegangen.

Irgendwann hatte ich die Nase voll. Ich wollte abnehmen und es jedem zeigen, dass es auch anders geht. Ich nehm nicht für euch ab, sondern für mich. Vor allem werde ich beweisen, dass ich es kann. Ich habe es dann auch geschafft. In neun Monaten nahm ich 79 Kilo ab, bis ich zum Schluss nur noch 80 Kilo wog. Zu Beginn meiner Diät habe ich nur eine Mahlzeit pro Tag – das Mittagessen – zu mir genommen und habe viel getrunken. Als die Gewichtsabnahme stagnierte, habe ich das Mittagessen noch halbiert. Zum Schluss war es fast eine Nulldiät, höchstens einen Apfel ab und zu habe ich gegessen. Mein Geburtstag am 13. Oktober sollte der Termin für das Ende meiner Diät sein. Ich malte mir aus, am 13. Oktober mit einem tollen Frühstück geweckt zu werden. So kam es dann auch. Doch ich habe meinem Körper sehr viel zugemutet.

Man ist unwahrscheinlich stolz auf sich, wenn man etwas erreicht hat, mit dem im Grunde niemand gerechnet hat, bei dem keiner helfen kann. Es gibt so viele Institutionen, es gibt

Ernährungsberater, doch im Grunde kann einem keiner helfen. Im Kopf muss es klicken. Man hat danach ein ganz anderes Körpergefühl, fühlt sich aktiver, kann plötzlich Sachen machen, die man vorher nicht machen konnte. Es war eine Demonstration und auch der Beginn eines neuen Lebensabschnitts. Ich habe mich sowohl körperlich als auch geistig verändert. Ich trete anders auf, mein Selbstbewusstsein ist größer. Es ist mir im Umgang mit anderen zugute gekommen. Bei Bewerbungsgesprächen bin ich viel selbstbewusster aufgetreten.

Es war die Zeit, in der ich dann mit einer Erzieherausbildung begonnen habe. Drei Jahre lang habe ich mein Gewicht gehalten. Dann gab es ein einschneidendes Ereignis in meinem Leben, das mich wieder abrutschen ließ. Im Jahr 2001 ist meine Mutter verstorben. Sie war der haltende Pol in der Familie. Psychisch hat es mich sehr mitgenommen, mit der Folge, dass es gewichtsmäßig langsam wieder bergab ging. Ich wiege momentan 117 Kilo. Langfristig habe ich das Ziel, wieder abzunehmen. Auch gesundheitliche Gründe sprechen dafür. Meine Mutter ist nämlich an einem Herzinfarkt gestorben. Doch ich werde nicht mehr so krass abnehmen wie beim ersten Mal. Ich hatte damals meinem Körper zu viel zugemutet.

Ich bin jetzt Erzieher im Anerkennungsjahr und arbeite auf einem Abenteuerspielplatz. Manchmal sind die Kinder ziemlich frech. Sie werfen mir an den Kopf: »Mann, bist du dick!« und »Hast du einen dicken Bauch!« Aber das sind halt Kinder, und ich weiß, wie ich in dem Alter war. Ich reagiere mit selbstironischen, sarkastischen Gegenbemerkungen. Hat einer eine fette Baggy-Hose an, sag' ich: »Na toll, und du hast die Hose in den Kniekehlen.« Und dann steht der da und ist getroffen. Ich will ihm zeigen, dass es nicht o.k. ist, wenn man sich über andere lustig macht, dass es ihm genauso gehen kann. Wenn wir alle gleich wären, wäre das alles ziemlich langweilig. Erst

unser Anderssein macht unser Leben und unsere Stadt interessant.

Ich habe das Glück, beide Seiten kennen gelernt zu haben. Ich war sowohl ein dicker Mensch als auch ein dünner Mensch. Das hat mein Weltbild verändert und mir auch die Augen geöffnet. Wenn jemand im Rollstuhl daherkommt, warum soll ich Witze reißen? Er ist anders, aber was ist anders? Wir sind alle anders. Vor kurzem habe ich mich einer Randgruppe angeschlossen, die auf wenig Akzeptanz stößt: Gothics, die Leute sagen Grufties, doch ich sehe mich eher als Punk. Na und? Was ist schon »normal«? Die Bezeichnung »anders sein« ist Blödsinn. Wir sind alle anders. Wenn jetzt ein dünner Mensch daherkommen würde, ein so genannter normaler Mensch, dieser typische Deutsche, blond, blauäugig, germanisch, groß, und sagt: »Du bist anders.« Dann kann ich genauso zu ihm sagen: »Du bist auch anders.« Normal gibt es nicht, wir sind alle anders.

dick sein in Deutschland

■■■ Fast jeder zweite Bundesbürger ist gering bis stark übergewichtig (2003) ■■■ Bereits jedes fünfte Kind und jeder dritte Jugendliche gilt als übergewichtig (2003) ■■■ Extremes Übergewicht wird als Adipositas oder Fettsucht, und damit als Krankheit, bezeichnet ■■■ Zahlreiche Selbsthilfegruppen (z.B. Dicke e.V.) und staatliche Angebote geben Übergewichtigen Hilfestellung in Bezug auf eine Umstellung der Essgewohnheiten, gesündere Freizeitangebote, nationale und internationale Gerichtsurteile, medizinische Ratschläge ■■■ Das Internet bietet Kommunikationsforen, Tipps für Mode und Einkaufen, Reisen, Partnersuche etc. ■■■ In westlichen Kulturen werden Menschen hauptsächlich nach ihrer Erscheinung beurteilt ■■■ Die Einstellung gegenüber übergewichtigen Menschen ist sowohl bei Männern als auch bei Frauen negativ geprägt ■■■ Durch vorherrschende Schönheitsideale wird der Körper in den Mittelpunkt der eigenen Identität gestellt ■■■ Schönheitsideale werden allgemein, nicht zuletzt durch die Medien, propagiert ■■■ Unser heutiges Schönheitsideal orientiert sich an einer Idealfigur, die eher unter dem Normalgewicht liegt ■■■ Diese Entwicklung leistet Essstörungen Vorschub, wie z.B. Anorexia nervosa (Magersucht) und Bulimia nervosa (Ess-Brech-Sucht) ■■■ Maßnahmen zur Steuerung und Reduzierung von Übergewichtigkeit haben zur Entwicklung ganzer Industriebranchen (Schlankmacher, fett- und kalorienreduzierte Nahrung, Diätkuren, spezielle Ferienangebote für Übergewichtige etc.) und medizinischer Eingriffe (z.B. Magenverkleinerungen, Fettabsaugen) geführt ■■■ Spezialisierte Bekleidungsindustrie ist entstanden, z.B. Ulla Popken **(bk)**

dick sein in der Türkei

■■■ Einer Studie des türkischen Vereins zur Erforschung von Adipositas aus dem Jahr 2002 zufolge sind 22,4 % der Bevölkerung krankhaft übergewichtig; rechnet man die gering bis stark Übergewichtigen hinzu, sind 30 % betroffen ■■■ Zwischen 1998 und 2003 nahm in der Altersgruppe der 20–40-Jährigen Diabetes Typ II um fast 70 % zu ■■■ Verschiedene Studien haben ergeben, dass in Schwellenländern wie z. B. der Türkei ein Anstieg des Pro-Kopf-Einkommens oft mit einem Anstieg von Übergewichtigkeit einhergeht ■■■ Die Ironie des neuen Reichtums ist, dass besonders die ärmsten Bevölkerungsschichten davon betroffen sind, da ihnen mit steigendem Einkommen eine größere Auswahl an kalorien- und fetthaltigen Lebensmitteln (z. B. Fastfood) zur Verfügung steht ■■■ Angesichts des sich verschlechternden Gesundheitszustands der Bevölkerung fordern türkische Ärzte mehr spezielle, durch das Gesundheitsministerium unterstützte Einrichtungen für Übergewichtige ■■■ Der Marktanteil fettreduzierter und anderer Diät-Produkte hat rapide zugenommen ■■■ Seit den neunziger Jahren entsteht eine spezielle Bekleidungsindustrie ■■■ Eine der ersten Boutique-Ketten für Übergrößen: Christine Cotton Club ■■■ In der anatolischen Kultur gilt Leibesfülle generell als Wohlstandssymbol; für Frauen ist sie Ausdruck von Weiblichkeit und Fruchtbarkeit ■■■ Mit zunehmender »Modernisierung« der Gesellschaft erfährt dieses Schönheitsideal einen Wandel **(bk)**

anders sein anders sein anders sein anders sein anders se
anders sein anders sein anders sein anders sein anders s
sein anders sein anders sein anders sein anders sein an
anders sein anders sein anders sein anders sein and
anders sein anders sein anders sein anders sein anders se
anders sein anders sein anders sein anders sein an
sein anders sein anders sein anders sein anders sein ande
anders sein anders sein anders sein anders sein anders s
sein anders sein anders sein anders sein anders se
anders sein anders sein anders sein anders sein and
sein anders sein anders sein anders sein anders sein anders se
anders sein anders sein anders sein anders sein anders se

anders sein anders sein anders sein anders sein anders sein
anders sein anders sein anders sein anders
rs sein anders sein anders sein anders sein anders sein
ein anders sein anders sein anders sein anders sein
ders sein anders sein anders sein anders sein anders sein
rs sein anders sein **alt sein** anders sein anders
in anders sein anders sein anders sein anders sein anders
anders sein anders sein anders sein anders
ders sein anders sein anders sein anders sein anders sein
s sein anders sein anders sein anders sein anders
ders sein anders sein anders sein anders sein anders sein
ders sein anders sein anders sein anders sein anders

Sieben Wohnungsschlüssel

Esin, die junge Alte

68 Jahre

Ich bin jetzt 68 Jahre alt. Doch es kann überhaupt nicht die Rede davon sein, dass ich einsam bin. Aufgewachsen bin ich in einer großen Familie. Und obwohl ich heute allein lebe, sind ständig Menschen um mich herum. Auch viele Menschen, die einiges jünger sind als ich: 30-Jährige, 40-Jährige, 50-Jährige. Ständig klingelt es an meiner Tür. Natürlich treffe ich mich auch mit Menschen meines Alters, meine engsten Freunde jedoch sind alle jünger. Sie kommen mit ihren Sorgen zu mir, und wir plaudern über Kindererziehung und so fort. Meine Freunde sagen, dass sie viel von mir mitnehmen. »Wir lernen von dir, wie man älter wird, ohne herumzumeckern«, sagte jüngst eine Freundin. Sieben Menschen besitzen – außer mir – den Schlüssel zu meiner Wohnung: meine beiden Söhne, vier Freundinnen und Fatma, die zum Putzen kommt.

Das Altern bringt unweigerlich physische und psychische Probleme mit sich. Die Bewegungsmöglichkeiten beispielsweise erfahren eine objektive Begrenzung. Du kannst nicht rennen wie in deiner Jugend. Wenn du nur mit Gleichaltrigen zusammen bist, geht es ständig um die Probleme des Alters, um Krankheiten und um die Schwierigkeiten mit Kindern, Schwiegersöhnen und Schwiegertöchtern. Auf Dauer beunruhigen mich diese Gespräche. Wenn ich von solchen Treffen

nach Hause komme, kann ich mich über das glückliche Da-
sein, das ich im Alter führe, freuen. Mir tut es weniger weh als
den anderen. Meine Krankheiten sind offensichtlich weniger
schlimm als die Krankheiten der anderen, und ich habe weniger Probleme mit den Kindern als die anderen. Ich weiß nicht,
ob die anderen übertreiben. Auch ich habe große Probleme
mit den Nieren, mit Knochenschwund und rheumatischen
Schmerzen.

Das Zusammensein mit jüngeren Menschen gehört zu den
schönen Seiten des Lebens. Nicht nur das Zusammensein. Allein der Umstand ihrer Existenz. Ich habe ein jüngeres Ehepaar im oberen Stockwerk als Mieter. Das Haus ist ein Holz-
haus, und ich höre jeden Schritt und Tritt oben. Für mich sind
diese Geräusche keine Ruhestörung, es bedeutet Leben. Wenn
meine Freundin Hidayet mit ihrer vierjährigen Tochter Zeynep
zu Besuch kommt, finde ich das herrlich. Die Kleine rennt, sie
tobt herum und macht lauter Faxen. Es stört mich überhaupt
nicht. Im Gegenteil: Es tut mir gut. Ich habe zu Zeynep ein
wunderbares, besonderes Verhältnis. Manchmal bleibt sie sogar ohne ihre Mutter bei mir.

Die Küche ist ein ganz wichtiger Ort. Meine Freundinnen,
die ein- und ausgehen, kennen sich mittlerweile auch in der
Küche aus. Manchmal sind sie es, die den Tee aufsetzen. Ein
anderes Mal bringen sie das Essen mit. Selbst die Ehemänner
meiner verheirateten Freundinnen kommen mit, und ich bin
stolz darauf, dass sie sich alle bei mir so wohl fühlen, als seien
sie hier zu Hause.

Dass ich keine materiellen Schwierigkeiten habe, erleichtert
das Leben im Alter. Ich bekomme eine Rente und habe noch
Mieteinnahmen. All das, was ich mir wünsche, kann ich mir
auch leisten. In den letzten zehn Jahren bin ich so viel gereist
wie noch nie. Mit meiner Freundin Kadriye – sie ist jetzt 50 Jah-

re alt – haben wir Pauschalreisen gebucht. Wir waren in New York und London, wir haben Touren durch Ägypten, Spanien und Portugal gemacht. In der Türkei selbst reise ich auch viel. Ich treffe mich regelmäßig mit zwei Brüdern, die außerhalb Istanbuls wohnen, und besuche oft meine Cousins in Gaziantep, nahe der syrischen Grenze.

Meine heutige Beziehung zu anderen Menschen ist sehr stark von den Verhältnissen in meiner Kindheit und Jugend geprägt. Meine Eltern stammen aus Gaziantep. Ich selbst bin in Ankara in einem Haus mit Garten groß geworden. Unser Haus war wie ein Hotel für alle Verwandten, die nach Ankara kamen. Ein Cousin zum Beispiel, der Medizin studierte, wohnte lange Zeit bei uns. Ein anderer Cousin lebte mit uns, solange er in Ankara aufs Gymnasium ging. Es gehörte zu unserer Normalität, dass Kinder von Verwandten, die auf die Schule oder Universität in Ankara gingen, über Monate hinweg in unserem Haus wohnten. Wir waren zwar nur vier Geschwister, aber ich kann mich nicht daran erinnern, dass wir je nur zu sechst zu Abend gegessen hätten. Immer war es eine größere Runde. Ich muss noch hinzufügen, dass Geld nie ein Thema war. Für meine Eltern war es selbstverständlich, dass man für die Kinder von Verwandten aufkam, dass man jungen Menschen half. Das musste nicht erst debattiert werden.

Wenn ich über mein Leben nachdenke, frage ich mich, warum ich in so jungen Jahren – ich war 19 Jahre alt – geheiratet habe. Ich glaube, es war ein Fehler, so früh zu heiraten. Heute frage ich mich, warum ich so lange eine Ehe wider meinen Willen geführt habe. Erst nachdem ich 50 Jahre alt war, ließ ich mich scheiden. Warum ich ein Leben lang Hausfrau war und mich nicht gegen meinen Mann durchgesetzt und gearbeitet habe, kann ich heute auch nicht mehr so richtig nachvollziehen. Ich glaube, ich hätte als berufstätige Mutter meine

Kinder ebenso gut großziehen können. Denke ich an den Tod, dann stelle ich nichtsdestotrotz fest, dass ich zu meinem Leben stehe. Ich habe Fehler gemacht, doch im Großen und Ganzen habe ich gut gelebt. Für den Tod habe ich zwei Wünsche: Ich möchte ohne Schmerzen sterben und solange ich im Vollbesitz meiner geistigen Kräfte bin. Doch es ist nicht so, dass ich ständig an den Tod denke.

Ich war 26 Jahre alt, als mein ehemaliger Mann und ich von Ankara nach Deutschland zogen. Er hat dort als Chirurg gearbeitet. Für mich waren die Jahre in Deutschland die schlimmsten Jahre meines Lebens. Das ganze Land kam mir wie ein offenes Gefängnis vor. Auf den Straßen waren keine Menschen. Ich lud Bekannte nach Hause ein, doch ich habe es nicht geschafft, Beziehungen aufzubauen. Die Ausgrenzung habe ich immer gespürt. Wir waren ein Mal bei einem Arbeitskollegen meines Mannes zum Essen eingeladen. »Wir haben sie im Schleier erwartet«, lautete der erste Satz. Die Erniedrigung war stets spürbar. Meine Söhne wurden in ihrer Schule – sie waren die einzigen Türken – weitgehend isoliert. Der einzige Freund meines jüngeren Sohnes war Sohn einer allein erziehenden Mutter. Solche Schüler wurden ebenfalls gemieden. Die von der Mehrheit Ausgeschlossenen fanden zueinander.

Für mich stand schon früh fest, dass Deutschland nur ein Provisorium für mich sein konnte. Auch Beobachtungen, wie alte Menschen in Deutschland leben, hat zu dieser Entscheidung beigetragen. Eine Erinnerung hat mich dabei besonders geprägt. Ich ging einkaufen und sah, dass zwei alte Frauen aus der Nachbarschaft auf der Straße miteinander redeten. Als ich vom Einkaufen zurückkam, standen sie immer noch da und sprachen – mittlerweile im Regen – miteinander. Ich konnte es nicht begreifen, ihre Wohnungen waren doch um die Ecke. Als ich sie fragte, warum sie sich nicht lieber bei einer Tas-

se Tee oder Kaffee austauschen statt im Regen, antworteten sie: »Es kostet Zeit. Es kostet Geld.« Diese Aussage erschreckte mich. Auch das Verhältnis von Kindern und Eltern war mir fremd. Unsere Vermieterin wohnte über uns. Eines Tages klingelte deren Tochter ganz spät in der Nacht bei uns. Sie wohnte außerhalb der Stadt und suchte auf Grund einer Notsituation einen Schlafplatz, traute sich aber nicht, bei ihrer Mutter zu klingeln. Es sei zu spät. Sie übernachtete bei uns. Ich habe das ganz und gar nicht verstanden. Ich hatte den Eindruck, dass in Deutschland das Verhältnis zwischen Eltern und Kindern im Erwachsenenalter nur noch aus einer formalen Hülle besteht. Genauer: Es gibt keine Beziehung, aber aus irgendeinem Pflichtgefühl geht man zu den Eltern hin – jedes Jahr Heiligabend bei den Eltern oder jeden Sonntag eine halbe Stunde bei den Eltern. So etwas ist schlecht. Beziehungen beruhen darauf, dass man sich nach jemandem sehnt. Menschliche Verhältnisse sind etwas anderes als Pflichterfüllung.

Die Ehefrau eines Chefarztes in Deutschland zeigte mir einmal die Weihnachtsgeschenke für ihren erwachsenen Enkelsohn. Es waren zwei Cocktaillöffel, die sie für 7 DM gekauft hatte. Sie erzählte mir, dass sie an besonderen Tagen weitere Löffel kaufen werde. Ich war sprachlos. Meine Putzfrau Fatma, die wirklich nicht viel Geld hat, spart und schenkt Schwiegersöhnen und Schwiegertöchtern Dinge wie Waschmaschinen, Kühlschränke oder goldene Halsketten. Als mein Sohn in Deutschland Abitur machte, kriegte er einen nagelneuen Golf als Geschenk. Er war der Einzige in der Klasse, obwohl es Kinder von reicheren Eltern in der Klasse gab.

Ich kehrte 1979 in die Türkei, nach Ankara, zurück. Es war eine goldrichtige Entscheidung. Zehn Jahre später – ich war 53 Jahre alt – habe ich mich entschlossen, nach Istanbul umzuziehen. Meine Söhne lebten dort. Ich wollte nicht fern von ihnen

sein. Doch ich habe mir in Istanbul ein eigenständiges Leben aufgebaut. So etwas ist mit 53 Jahren möglich. In dem Viertel, in welchem ich wohne, bin ich mit offenen Armen empfangen worden. Einsamkeit ist für mich ein Fremdwort. Ich habe erzählt, dass sieben Menschen den Wohnungsschlüssel haben. So etwas wäre in Deutschland nicht möglich gewesen.

Drei Töchter als Vermögen

Muzaffer, die glückliche Mutter

78 Jahre

Schön ist das nicht: Die Schmerzen, die Krampfadern verursachen. Man soll seinen Körper nicht schlecht behandeln. Ich habe meinen Körper mein ganzes Leben lang schlecht behandelt. Die schmerzhaften Folgen muss ich heute ertragen. Doch es ging nicht anders. Es war die Armut, die meinen Körper so zugerichtet hat. Als ich zwölf Jahre alt war, ist mein Vater gestorben, und ich habe angefangen zu arbeiten. Jeden Tag musste ich kilometerweit von zu Hause in die Fabrik, die im Istanbuler Stadtteil Sultanahmet lag. In der Fabrik wurden Strümpfe hergestellt. Für die Straßenbahn reichte das Geld nicht. Jeden Tag musste ich laufen. Um sieben Uhr morgens ging ich los. Acht Uhr abends war ich zu Hause. Am Abend war ich völlig kaputt. Doch dann musste ich Blechkanister voller Wasser in die Wohnung tragen, da es keine Trinkwasserleitungen gab. Das Gewicht dieser mit Wasser gefüllten Blechkanister werde ich nie vergessen. Es war zum Heulen. Eines Tages fiel ich die Treppen herunter. Sechs Jahre hatte ich in der Fabrik gearbeitet. Sozialversicherung – so etwas gab es natürlich nicht.

Mit 19 habe ich geheiratet. Mein Mann war Lastwagenfahrer. Als Flüchtling aus Bulgarien war er in dieses Land gekommen. Meine Mutter, mein Bruder, mein Mann und ich haben zusam-

men in dieser Wohnung gewohnt. Meine Kinder haben ihre ersten Lebensjahre dort verbracht. Mein Mann sorgte sich sehr um mich und wollte nicht, dass ich arbeiten gehe, mich abschufte. Als ich geheiratet habe, habe ich nicht daran gedacht, dass er mich auf halber Strecke alleine lassen könnte. Er ist gestorben, als ich 42 Jahre alt war. In seinen letzten sieben Lebensjahren war er wegen seiner Lungenkrankheit – er litt an einem Emphysem – bettlägerig. In den sechziger Jahren, als mein Mann ans Bett gefesselt war, habe ich zu Hause Knöpfe und andere Teile an Strickjacken genäht. Die Ware wurde angeliefert, und ich bearbeitete sie. Alle zwei Tage holten sie die Waren wieder ab. Ich habe Tag und Nacht gearbeitet. In dieser Zeit habe ich kaum richtig gegessen. Zeit, um Essen zu kochen, hatte man nicht. Tee, Eier, Brot, ein wenig Käse. Meine Töchter mussten auch großgezogen werden.

Ich habe viel gelitten, doch klagen will ich nicht. Im Alter muss man ausgeglichen sein. Ich bin es jetzt. Ja, ich bin glücklich. Ich habe drei Mädchen so gut es ging großgezogen. Sie alle führen heute glückliche Ehen. Ich lebe allein in meiner Wohnung, doch meine Töchter unterstützen und kümmern sich um mich. Manche Männer hinterlassen ein Vermögen. Ich habe meine drei Töchter. Gott behüte sie. Im Alter hat es Gott gut mit mir gemeint.

Familie ist etwas sehr Wichtiges. Meine Tochter Meral ist Krankenschwester. Sie hat einen Arzt geheiratet. Emine arbeitet als Frisöse. Und Neval, die Älteste, ist glücklich in Deutschland verheiratet. Es war im Jahr 1973 – sie arbeitete in einer Bank –, als sie und weitere vier Kolleginnen sich entschlossen, nach Deutschland zu gehen. Sie war gerade 20 Jahre alt. Viele in der Familie waren dagegen, dass sie so jung und ganz allein aufbricht. Ich erinnere mich noch genau an das, was sie uns geantwortet hat: »Es gibt ganz viele, die kluge Ratschläge

erteilen, aber keinen Einzigen, der Geld vergibt.« Sie ist dann gegangen und hat angefangen, in einer Fabrik zu arbeiten. Ich hoffte, sie würde keinen Deutschen heiraten. Es kam natürlich anders. Sie schickte mir meine Zugfahrkarte, und ich machte mich 1975 auf den Weg, um meinen künftigen Schwiegersohn zu sehen. Wir haben uns wunderbar verstanden, obwohl wir ja keine gemeinsame Sprache haben. Ich war zur Hochzeit dort und bin insgesamt zwei Monate geblieben. Es war mein einziger Besuch in Deutschland. Ich bin ein sehr gesprächiger und kontaktfreudiger Mensch, wenn man die Sprache aber nicht versteht, dann langweilt man sich. Doch ist es nicht wunderbar? Heute habe ich eine Enkelin in Deutschland, die Literaturwissenschaften studiert. Neval und ihr Mann kommen jedes Jahr in die Türkei. Mein Schwiegersohn sagt, er würde auf der Stelle in die Türkei ziehen, wenn er hier genauso viel Geld verdienen könnte.

Ich bin glücklich in meiner kleinen Mietwohnung mit zwei Zimmern. Wenn zum Morgengebet gerufen wird – ungefähr um fünf Uhr morgens –, stehe ich auf. Gegen neun Uhr frühstücke ich. Meistens kaufe ich selbst ein. Ich habe feste Freundinnen hier im Viertel. Mit der Frau vom Lebensmittelhändler – ich kenne sie seit Jahrzehnten – halte ich fast täglich ein Pläuschchen. Meine Tochter Emine wohnt auch in diesem Viertel. Sie schaut vielleicht jeden zweiten Tag vorbei. Über mir wohnt ein junges Paar – er ist Musiker, sie ist Lehrerin. Sie sind wirklich nett, meine Nachbarn. Einsam bin ich nicht. Und ich genieße es, allein zu leben. Vor einiger Zeit hatte ich mir das Bein gebrochen und musste zwei Monate lang bei meiner Tochter Emine wohnen. Ich verstehe mich mit ihr und ihrem Ehemann, aber man hat weniger Freiraum, wenn man in einer anderen Wohnung ist. Man denkt ständig, man belästige die anderen. Ich war so glücklich, wieder in meine eigene

Wohnung zurückgehen zu können. Zu Hause ist es am Gemüt-lichsten.

Gott schenke im Alter reiche Gedanken bis zum Tod. Manche haben im Alter ein Vermögen. Ich habe drei Töchter, die glücklich sind und mich damit glücklich machen. Habe ich das schon einmal gesagt?

alt sein in Deutschland

■■■ Fast 25% der deutschen Bevölkerung sind über 60 Jahre alt (2002) ■■■ 5% der 70- bis 75-Jährigen sind pflegebedürftig, davon stellen die über 85-Jährigen die größte Gruppe (2001) ■■■ Schätzungen zufolge werden im Jahr 2020 fast 35% der Deutschen und über 25% der Europäer das 60. Lebensjahr überschritten haben (2001) ■■■ Senioren sind in den Medien deutlich unterrepräsentiert ■■■ Obwohl Frauen rund zwei Drittel der älteren Menschen ausmachen, sind ältere Männer in Fernsehsendungen/-werbung etwa vier Mal so häufig präsent ■■■ Nachdem die EU-Kommission 1993 das »Seniorenjahr« ausrief, intensivierte sich die Diskussion über die Stellung älterer Menschen in der Gesellschaft ■■■ In der Sozialpolitik ist die Diskussion um den sog. Generationenvertrag, d.h. die Verpflichtung der Jüngeren zur Unterstützung der Älteren in Form staatlicher Rentenbeiträge, und seine Anpassung an die demographische und wirtschaftliche Entwicklung in den Mittelpunkt gerückt ■■■ Private Alterssicherung wird zunehmend wichtig ■■■ Bildungsangebote für Senioren steigen; die Hamburger Universität beispielsweise bietet ein »Kontaktstudium für ältere Erwachsene« an, das auch ohne Abitur zugänglich ist ■■■ Auf Grund vieler Beschwerden gibt es seit einigen Jahren Verbände ambulanter Pflegedienste, die versuchen, Missstände zu beheben ■■■ Für Seniorenheime sind im Pflegeversicherungsgesetz Richtlinien festgelegt worden, die zu einer Standardisierung der Qualitätspolitik von Heimen beitragen und die unantastbare und unverletzbare Würde von pflegebedürftigen Menschen sicherstellen sollen ■■■ Über 400 000 Mitbürger ausländischer Herkunft, die älter als 65 Jahre sind, leben in Deutschland, die besonderen Schutzes und Fürsorge bedürfen (2002) ■■■ Obwohl viele von ihnen in ihr Herkunftsland zurückkehren wollten, bleiben sie auf Grund der Familienbindungen in Deutschland ■■■ Da viele Senioren der

so genannten ersten Generation in Niedriglohn-Berufen gearbeitet haben, stehen sie vor erheblichen finanziellen und auch gesundheitlichen Problemen **(bk)**

alt sein in der Türkei

■■■ In den letzten zwei Jahrzehnten hat die Türkei einen bedeutenden demographischen Wandel durchlebt ■■■ Mitte der achtziger Jahre betrug der Anteil der über 65-Jährigen 4,2 %, im Jahr 2000 bereits 7,8 %; für 2025 wird ein weiterer Anstieg auf mehr als 13 % erwartet ■■■ Traditionell gelten »die Alten« als Familienoberhaupt, werden von den Jüngeren respektiert und haben automatisch Teilhabe an allen Ereignissen und Aktivitäten ihres sozialen Umfelds ■■■ Mit dem sozialen Wandel in der Türkei – insbesondere der zunehmenden Landflucht der Jüngeren, dem Schrumpfen der Großfamilie auf die Kernfamilie und dem kulturellen Wertewandel – verändert sich die gesellschaftliche Stellung türkischer Senioren ■■■ Das Sozialsystem fängt viele Senioren nicht auf ■■■ Die meisten Rentenempfänger sind zusätzlich auf finanzielle Zuwendungen ihrer Angehörigen angewiesen ■■■ Viele Senioren, insbesondere Frauen, die nie in einem Lohnverhältnis gestanden haben, beziehen keine Rente ■■■ 1930 wurde das erste Gesetz (Nr. 1580) zum Schutz alter Menschen erlassen, das den Städten und Gemeinden die Fürsorgepflicht auferlegte ■■■ Art. 61 der türkischen Verfassung stellt Alte, insbesondere Alte ohne eigenes Vermögen, unter den Schutz des Staates ■■■ Es gibt 63 Altenheime, die von einer dem Türkischen Ministerpräsidialamt angegliederten Gesellschaft betrieben oder unterstützt werden (2004); zusätzlich existieren zahlreiche Seniorenheime, die von anderen staatlichen Einrichtungen, Städten und Gemeinden, Stiftungen, Vereinen und privat betrieben werden ■■■ Private Altenheime unterliegen im Allgemeinen keiner staatlichen Kontrol-

le und müssen daher keine Mindeststandards aufweisen ▪▪▪ In Ankara gründeten 1997 Deutschstämmige – hauptsächlich Frauen – eine Senioren-Wohnanlage mit ärztlicher Versorgung nach deutschem Vorbild ▪▪▪ Es gibt keine staatliche Pflegeversicherung in der Türkei; die Pflege hilfsbedürftiger alter Menschen obliegt oft den Familien ▪▪▪ Im März 2004 organisierte die Stadtverwaltung von Burdur eine Senioren-Woche; zeitgleich fanden Veranstaltungen in anderen Städten statt ▪▪▪ Es gibt zwei staatlich anerkannte Gesellschaften für Altersforschung: die Türkische Geriatrie-Gesellschaft und die Türkische Gero-Psychiatrie-Gesellschaft; zusätzlich beschäftigen sich Vereine und Stiftungen mit Altersfragen, z.B. der »Alzheimer Verein und Stiftung« mit Sitz in Istanbul **(bk)**

anders sein anders sein anders sein anders s
anders sein anders sein anders sein anders sein anders sei
anders sein anders sein anders sein anders sein anders
sein anders sein anders sein anders sein anders sein
sein anders sein anders sein anders sein anders sein ander
sein anders sein anders sein anders sein anders s
anders sein anders sein anders sein anders sein anders
anders sein anders sein anders sein anders sein anders
sein anders sein anders sein anders sein anders se
anders sein anders sein anders sein anders sein and
sein anders sein anders sein anders sein anders s
anders sein anders sein anders sein anders sein anders se

anders sein anders sein anders sein anders sein anders sein
anders sein **anders sein** anders sein anders sein
anders sein anders sein anders sein anders sein anders
anders sein anders sein anders sein **anders sein** anders
anders sein anders sein anders sein anders sein anders

anders sein

anders sein anders sein anders sein anders sein anders
anders sein anders sein **anders sein** anders
anders sein anders sein anders sein anders sein anders sein
anders sein anders sein anders sein anders sein anders
anders sein anders sein anders sein anders sein anders sein
anders sein **anders sein** anders sein anders sein anders

Falsches Leben

Mutter und Tochter auf der Suche nach Halt

Elke, 43, und Jenny, 22 Jahre

JENNY: Ich bin jetzt 22 Jahre alt. Mit 19 habe ich geheiratet. Das war die schlimmste Entscheidung meines Lebens. Mein Mann ist Muslim. Das ist nun mal nicht leicht für 'ne Deutsche. Er ist anders. Er ist komplett anders. Als wir uns kennen gelernt haben, war es super. Aber dann sind wir nach Berlin gezogen, und dort fing es an. Frau hat kein Geld, Frau darf keine Freunde haben, Frau sitzt allein zu Hause. Mein Mann geht fremd. Ich habe die Schnauze voll. Ich lass mich scheiden. Die Papiere für den Anwalt habe ich bereits zusammen. 140 Kilo wiege ich jetzt. Allein im ersten Jahr nach dem Umzug hab ich 30 Kilo zugenommen.

Kennen gelernt hab ich ihn in 'ner Disko. Das war so 'ne türkisch-arabische. Wow, der war geil. Der war wirklich sensationell. Den hab' ich an dem Abend gesehen und zu meiner Freundin gesagt: »Das ist der Mann, den ich heiraten werde.« An dem Tag war ich leider sehr besoffen. Am zweiten Abend habe ich ihm meine Telefonnummer gegeben. Vier Wochen haben wir nichts voneinander gehört, bis er schließlich anrief. Wir sind zu seiner Familie gefahren. Seine Schwester lebt in Deutschland. Mein jetziger Schwager hatte mich gewarnt: »Red

nicht über Sex in Gegenwart meiner Frau und meiner Kinder.«
Mir war das eh klar. Ich war ja schon mit 15 mit 'nem Araber
zusammen. Ist ja dasselbe in Grün. Bei der Schwester war dann
alles super. Da habe ich die erste Nacht mit meinem jetzigen
Mann in einem Zimmer geschlafen, hatte aber totale Angst,
mich auszuziehen. Ich habe zuerst das Licht ausgemacht und
mich dann ausgezogen. Mir ist das peinlich.

Mein Mann ist Asylbewerber aus dem Kosovo. Zwei Monate
nach dem Kennenlernen hat er zu mir gesagt, wir müssten
heiraten, sonst würde er in den Kosovo geschickt. Ich hab gesagt:»Ja, ich heirate dich.« Was ich an meinem Mann so toll
fand, war, dass er meine Mutter gefragt hat, ob er mich heiraten darf. Welcher Mann macht das denn heutzutage noch? Ich
kenne keinen. Unsere Wohnung liegt in Hohenschönhausen.
Die Wohnung war unser größter Fehler. Dadurch ist unsere
Ehe gescheitert. Dort sind viele Albaner, die alle fremdgehen.
Dann gibt es welche, die kommen nach Hohenschönhausen,
um da zu saufen und Frauen kennen zu lernen.

Ich sehe eklig aus mit 140 Kilo. Mein Mann geht ständig
fremd. Sogar in den Puff, sagt er. Aber ausziehen will er nicht.
Auch nicht, wenn ich fremdginge. Höchstens schlagen würde er mich. Mein Mann wusste, dass ich Hausfrau sein will.
Er wusste das von Anfang an. Jetzt sagt er aber ständig:»Geh
arbeiten. Geh arbeiten.« Ich hab' aber keine Arbeit gekriegt.
Ich hab' mich beworben, aber ich hab' nichts gekriegt. Seit 14
Monaten hatte ich keine Menstruation mehr. Das hängt damit
zusammen, dass ich so viel gefressen habe. Ich hab' schon gedacht, dass ich schwanger bin. Das Schlimme ist ja, dass mein
Mann mir verboten hat, was Süßes zu essen. Aber wenn er
mir mal Geld gibt, geh' ich sofort einkaufen. Also Cheeseburger und dann noch ein großes 750-ml-Eis und noch irgendwas
Süßes. Es gab Zeiten, in denen ich drei Pizzas gefressen hab'

oder mehrere Teller Milchreis. Das frisst doch kein normaler Mensch. Ich mach das immer vormittags. Spätestens mittags, wenn ich voll gefressen war, hab ich alles weggeschmissen. Wir haben einen Müllschlucker. Da schmeiß' ich alles rein. Kriegt ja keine Sau mit.

ELKE: Ich weiß, dass Jenny wegen der Scheidung hundertprozentig eine riesengroße Fressphase kriegt. Je mehr Stress sie hat, desto mehr stopft sie rein. Also, das ist wirklich nicht mehr essen. Das ist fressen. Wenn die beiden Streit haben, kommt Jenny her, isst 'ne große Schüssel Cornflakes, fragt nach dem Mittagessen, isst zwei, drei Teller und lässt sich von den kleinen Brüdern drei Cola holen. Dann fragt sie nach was Süßem und abends viel Käse und schön viel Brot. Heute kam sie mit zwei großen Paketen Cheeseburger. Da hab' ich gefragt: »Darf ich ein halbes abhaben?«, und sie antwortet: »Mutti, ich hab' so einen großen Hunger.« Ich hab' es ja aufgegeben zu sagen, dass sie dick ist und sich zusammenreißen soll. Ich sag' ihr, sie soll sich scheiden lassen. Ihr Mann ist unmöglich. Der ruft mich an und sagt: »Schwiegermama, wie geht es dir denn?«, und ich sage: »Was ist mit Jenny los?« Da sagt er immer: »Kein Problem. Kein Problem.« Aber das stimmt doch nicht. Jenny jammert stets: »Mutti, der hat mir wieder kein Geld dagelassen. Von was soll ich denn was zu essen machen?« Ich kann mir schon vorstellen, was für einen Psychoterror er ausübt. Wenn sie zu mir kommt, liegt sie den halben Tag im Bett, isst Mittagessen, hält Mittagsruhe, lädt sich einen Kumpel ein, trinkt Cola und geht, wenn es Sonnabend ist, rüber in die Disco und bleibt bis zweie, dreie, viere. Danach steht sie erst nachmittags wieder auf. So 'nen richtigen Halt hat sie nicht. Ich war ja gegen die Heirat. Ich hab' beiden gesagt, dass sie ihre Fehler, die sie nicht rauskriegen, haben. Ich sagte: »Jenny

ist Problem.« Er sagte: »Schaff' ich schon. Schaff' ich schon.« Der konnte kaum Deutsch. Ich weiß nicht, ob er es verstanden hat. Na ja, dann haben sie trotzdem geheiratet. Ich hab' ja für die Feier gesorgt, hier bei mir zu Hause. Von ihm waren die Schwester, der Schwager und ein Kumpel da. Insgesamt waren wir 16 Mann. 500 DM hab' ich ausgegeben. Ich sagte: »Jenny, denk daran, nach und nach möchte ich ein bisschen zurück von dem Geld.« Sie sagte: »Ja, ja, ist gut, Mutti.« Von dem Geld hab' ich immer noch nichts zurück.

Der Vater von Jenny war ein Frankfurter, ein Kind von Eltern mit elf Kindern. Der war eigentlich immer auf Montage und kaum da. Erst wollte er das Kind nicht haben. Ich war in der 12. Woche schwanger, und er sagte: »Abtreiben.« Ich hatte schon mal ein Kind verloren und wollte dieses behalten. Auf dem Dorf bewohnte ich ein Nebengebäude meines Elternhauses. Das war ein Trockenraum, den sie ausgebaut hatten. Drei mal drei Meter, ein Waschbecken, ein kleiner Beistellofen und ein Zwei-Platten-Herd, auf dem ich mir mein Mittagessen kochte. Die anderen Geschwister waren im Haupthaus bei meiner Mutter. Meine Mutter erlaubte nicht, dass ich das Haupthaus betrete, weil ich denen immer den Kühlschrank leer gefressen habe. Aber kurz vor der Entbindung haben sie mich jeden Tag rübergeholt. Nachdem ich entbunden hatte, sollte ich das Kind bei meiner Mutter lassen. Ich hatte natürlich keine Ahnung, wie man ein Kind erzieht. Aber Jennys Vater sagte: »Ist ihre Tochter. Soll sie sich drum kümmern.« Und dann haben wir sogar eine richtige Eineinhalbzimmerwohnung gekriegt.

Geheiratet hab' ich den Vater von Jenny nicht. Das wäre ein großer Fehler gewesen. Als Jenny ein Jahr alt war, hat er erst meine Musikbox, die zu DDR-Zeiten so schwer zu beschaffen war, kaputtgeschlagen und dann mich. Er hat mich auf den Boden geschmissen und mir richtig die Gurgel zugedrückt. Ich

hab' keine Luft gekriegt. Der hat versucht, mich umzubringen. Der hat mir mit beiden Händen die Kehle zugedrückt. Mit einem Schlüsselbund hab' ich auf ihn eingeschlagen. Jenny war im Nebenzimmer. Nachdem er weg war, hab' ich erst mal gebrochen. Ich konnte dann Monate nichts essen. Drei Wochen später standen welche von der Kripo vor der Tür und haben irgendwas von Stasi gequatscht. Sie haben mir erklärt, dass Jennys Vater einen Grenzübertritt versucht hat. Er ist aus der S-Bahn rausgesprungen und wollte den Zaun überwinden. Ich musste Angaben machen, woran man ihn, seinen Körper erkennt. Daraufhin haben sie mich noch ausgelacht.

JENNY: Ich musste mir ja schon vieles anhören: »Fette Sau, dicke Sau, Kanaken-Schlampe.« Das sind schon schlimme Sachen. Na gut, von Freunden hört man mal, dass man ein bisschen schön ist, nicht hässlich. Und dass man abnehmen soll. Sich selbst findet man ja auch nicht schön, nicht so toll. Viele schämen sich mit mir vor ihren Freunden. Ist meistens so. Wenn richtig gute Typen sich mit Dicken unterhalten und ihre Freunde kommen hinzu, dann machen sie sofort dicht. Dann entwickle ich einen richtigen Hass auf die Menschen. Ich bin ja nicht anders, weil ich dick bin. Ich bin so, wie ich bin. Bin ja trotzdem ein Mensch. Bin ja kein Tier. Das sag' ich auch meinem Mann. Er sagt: »Wenn du mit mir in den Kosovo kommen willst, nimm 70 kg ab.« Kein vernünftiger Ehemann sagt das zu dir. Der hat mich dick geheiratet. Also müsste er eigentlich auch wissen, dass ich nicht von heute auf morgen so abnehmen kann. Ich bin meinem Mann einfach peinlich. Es gibt eine Disco, die sein Revier ist. Wenn er da mit seinem Freund ist, darf ich nicht erscheinen. Wenn ich erscheine, gibt es am nächsten Tag richtig Ärger. Und je mehr Stress, desto mehr esse ich. Das ist wie bei Drogen. Eine Dicke weiß doch, dass sie nicht weit kommt. Des-

halb lässt sie es gleich bleiben. Schau dir doch die Videoclips von Viva und MTV an. Da hab' ich noch nie 'ne Dicke gesehen, wenn es um eine Romanze geht oder so. Nur in der Werbung für Waschpulver und so ein Zeug.

Nackt fühle ich mich überhaupt nicht wohl. Ich möchte mich nicht in einem großen Spiegel sehen. Ich ekle mich vor mir selbst. Angezogen sehe ich ja nicht jede Falte und Wölbung. Bei meinem Mann hat es ein Jahr gedauert, bis ich das erste Mal nackt vor ihm rumgelaufen bin. Er hat mich immer gefragt, wieso ich nie nackt bin. Aber ich mag das eben nicht, wenn ich mich ausziehe und präsentiere.

ELKE: Sonntags gibt es immer Nudeln mit Tomatensauce oder Nudeln mit Zimt und Zucker. In der Woche lohnt sich kochen nicht. Pizza in die Röhre rein und fertig. Wenn ich mal sehr gute Laune habe, mach' ich mal gebackenen Käse. Käse paniert wie Schnitzel. Salate – bäh, ich bin doch kein Karnickel. Bei meinen Eltern auf dem Dorf gab es das immer – Mohrrüben, Kirschen, Birnen, Äpfel. Also, ich bin dick, und ich bin auch faul. Es gibt Tage, an denen ich mir sage: »Jetzt«, und dann fange ich irgendetwas an. Und auf einmal geht es nicht mehr. Ich leg' mich dann hin und komme nicht mehr hoch. Weil mir schwindelig wird oder irgendwas. Manchmal gibt es in der Stadt Sprüche: »Guck dir mal die alte Fette an. Da schwabbelt's überall.« Selbst von meiner Tochter Jenny musste ich mir so was anhören. In der Stadt bin ich mal mit beiden Füßen umgeknickt. Da sagt meine Tochter: »Mutti, der rollende Maikäfer.« Ich steh' da und flenne wie ein Tier, und sie macht sich lustig.

Ich hab' manchmal wirklich Angst vor meinem Körper. An der Garderobe ist der Spiegel ab, damit ich meine Fettheit nicht sehe. Das ist unterbewusstes Denken: Wenn ich einen Spiegel kriege, denke ich, platzt die Scheibe. Ich habe extra

keinen Spiegel, damit ich nicht reingucken kann. Denn wenn man vor dem Spiegel nackt steht, muss man sich stellen und sagt sich: »Ey, das olle Gewabbel da vorn.« Vor allem im Sommer dieses Geschwitze unter der Bauchfalte. Das ist eklig. Tut mir Leid, aber so ist es, ehrlich gesagt.

Mit den Männern habe ich es prinzipiell im Dunkeln gemacht. Es gab nur einen, den Portugiesen – das Beste, was mir je über den Weg gelaufen ist –, der das nicht wollte. Er hat gefragt: »Warum lässt du das Licht nicht an?« Ich sagte: »Ich ekle mich.« Er hat mich mehr oder weniger aufgebaut. Im ersten Moment hat mir das überhaupt nicht gefallen. Ich fand mich fett und schwabbelig. Und er sagte: »Ich finde dich so, wie du bist, lieb und nett und schön und weich.« Dann hab' ich mehr oder weniger gelernt, damit umzugehen.

JENNY: Mit acht Jahren bin ich ins Heim gekommen und dort über zehn Jahre geblieben. Das Heim war wunderbar. Ich habe mich um die kleineren Kinder dort gekümmert. Jedes Wochenende und in den Ferien war ich zu Hause. Mit der Schule war alles in Ordnung, weil da viele Kinder aus dem Heim waren. Dann aber wurde die Schule geteilt, und ich musste in ein anderes Dorf fahren. Die Zeit von der vierten bis zur sechsten Klasse war die schlimmste. Es fing an mit Ignorieren. In den Pausen hat sich niemand mit mir unterhalten. Ich habe nur alleine rumgesessen. Dann haben sie mitgekriegt, dass ich aus dem Heim bin und dass meine Mutter mit einem Alkoholiker zusammen ist. Ich wurde nur noch beleidigt, an den Haaren gezogen und verprügelt. Alles habe ich in mich reingefressen. Irgendwann hab' ich das Heim informiert, und die haben sich mit der Schule in Verbindung gesetzt. Das kam natürlich raus, und alles wurde viel schlimmer. Beleidigungen ohne Ende, und an den Haaren haben sie mich gezogen. Ich habe rote Haa-

re, und im Sommer sind die Sommersprossen grün geworden. »Schneck von Frosch«, »Feuermelder«, »Kupferplatte« musste ich mir ständig anhören. Da hab' ich die Schule gewechselt, bin auf eine Förderschule, und in der achten Klasse hab' ich auch Anschluss gefunden und hatte eine Freundin.

Die Mutter von der Freundin hat mir zum Geburtstag einen Flug nach Tunesien geschenkt. Mit meiner Freundin bin ich hingeflogen. Ich war 15 Jahre alt. Tunesien war ziemlich toll, und wir hatten viel Spaß dort. Die Menschen waren ganz anders, und da hatte ich auch den ersten festen Freund. Der erste, bei dem ich gesagt habe: »Ja, ich will mit dir zusammen sein.« Wir haben uns in der Gaststätte gleich am ersten Abend kennen gelernt. Ich aß Pizza, und er saß drei Tische weiter. Und da haben wir Blödsinn gemacht und sind uns näher gekommen. Er hat als Masseur in einem Hotel gearbeitet und konnte auch Deutsch. Als ich nach Deutschland zurückkam, hat er immer im Heim angerufen. Und ich habe ihn auch angerufen. Im Heim haben sie gemerkt, dass ich ein bisschen mehr Zeit für mich haben will und mich nicht nur um die Kinder kümmern will. Das dumme Gequatsche von Leuten über mich habe ich total ignoriert. War mir egal. »Wisst ihr was, leckt mich am Arsch«, habe ich gesagt. Man muss sich vorstellen, wie froh ich war, dass mich jemand attraktiv fand, so wie ich war. Schließlich hatte ich nicht gerade eine schlanke Figur.

Ein Jahr später waren wir noch mal dort. Im Nachhinein habe ich rausgekriegt, dass er Sex mit 60- und 70-jährigen Frauen hatte, was mir total gegen den Strich ging. Wenn ich ein Jahr lang meinen Freund nicht sehe, kann ich nicht erwarten, dass er mir ein Jahr lang treu ist. Von mir aus hätte er Sex haben können. Aber nicht mit so was Altem. Das ist ja widerlich. Das hat mich so gefrustet. Ich hab' schon dort begonnen, alles reinzufressen. Ich hab Pizza gegessen, Pommes gegessen.

Wir waren eigentlich immer im Hotel, und in der Küche kannten die mich alle schon. Sobald ich die Küche betrat, haben sie Pizza oder Pommes oder Omelette gemacht. Das hab' ich dann auch alles gegessen.

ELKE: Ich bin 1961 in Berlin-Friedrichshain geboren. Wenn ich als Kind von der Schule kam, war mein Vater schon alkoholisiert. Er hat beim Wasserschutz gearbeitet. Wurde nachts roter Alarm ausgerufen, musste mein Vater raus. Wenn irgendein Mensch ertrunken war oder gesucht wurde oder sonst was. Wir waren sechs Geschwister. Wenn es roten Alarm gab, wurden wir alle wach geklingelt. Dann kam er manchmal früh wieder zurück, und wir Kinder mussten alle ruhig sein. Sonst gab es Ärger. Ich will nicht sagen, dass meine Eltern schlecht waren. Aber mit meiner Mutter habe ich mich nie verstanden. Manche sagen heute zu mir, ich sei wie meine Mutter. Jeden zweiten Tag hab' ich wegen irgendwas den Hintern voll gekriegt. Manchmal mit einem Holzlöffel. Meine Mutter hat auch gearbeitet. Sie hat in einem Miederwarenladen gearbeitet. Unsere alte Oma wohnte bei uns. Und die war so alt, dass sie beim Kauen aufpassen musste, dass ihr die Zähne nicht ausfallen. Einmal sagte ich: »Oma, weißt du was? Du isst wie ein Schwein.« Und das war der Hammer. Oma ist aufgestanden, sie konnte kaum laufen, und sie hat angefangen zu heulen. Ich hab' natürlich meinen Hintern voll gekriegt, wie immer. Da war ich elf Jahre alt. Kurz darauf hat meine Mutter gesagt, ich solle dem Kleinen die Flasche geben. Ich bin dann mit der Flasche gefallen, und eine Metallkante hat mir die Hand aufgeschnitten. Das hat meine Mutter aber überhaupt nicht interessiert. Ich hab' den Hintern voll bekommen, weil die Flasche kaputt gegangen ist. Das war schon Stress. Die älteren Brüder haben mich auch verprügelt.

Die Schule war die größte Qual meines Lebens. Das fing in der ersten und zweiten Klasse an. Beim Mittagsschlaf haben sie alle Decken auf mich geschmissen. Egal, welche Temperatur draußen war. Da waren 31 Schüler in der Klasse. Und alle schmissen sie die Decken auf mich rauf. Scheißdecken. Das war ganz furchtbar. Das waren alles Kinder von Familien mit ein, zwei Kindern. Und ich konnte mir nicht leisten, was die anderen hatten. Meine Mutter musste auf Sozialhilfe gehen. Sechs Kinder – da haben wir Zuschuss bekommen. Ich war noch zwei Jahre auf der Förderschule wegen Lese- und Rechtschreibproblemen. Meine Mutter ist ein richtiges Dorfkind. Ich musste selbst gestrickte Röcke, selbst gestrickte Strümpfe, selbst gestrickte Pullover anziehen. Oder Strapse. Ab dem fünften Schuljahr ging es los. »Schlampe«, »Drecksau« nannten mich die anderen Kinder. »Deine Mutter kann sich wohl nichts anderes leisten«, hörte ich immer wieder. Die anderen hatten Jeans, Strümpfe und Strumpfhosen an. Wenn ich in der Schule die Treppen hochgegangen bin, haben die Jungs schon immer unten gestanden und mir untern Rock geschaut. Ich hasse selbst gestrickte Sachen. Um mich zu wehren, wollte ich einen Jungen schlagen, der »Schlampe« zu mir gesagt hatte. Da hat er mich in den Schwitzkasten genommen. Aber richtig übel. Ich dachte nur noch: »Bring mich doch um. Ich hab das Leben sowieso satt.« Das war vor dem Lehrerzimmerfenster. Niemand kann mir erzählen, dass da kein Lehrer drin war.

Mein Vater hat es mit meiner Mutter und den Kindern nicht richtig ausgehalten. Wir waren sechs Kinder, und bei sechs Kindern kann man nicht erwarten, dass die alle ganz still in der Ecke stehen und alle gleich schlau sind. Wir sind unserem Vater manchmal richtig auf die Nerven gegangen. Doch mein Vater hatte nie den Sinn, sich um Kinder zu kümmern. Der hat nie gesagt, kommt, wir gehen mal da hin. Das war immer mei-

ne Mutter. Einmal im Jahr sind wir in den DDR-Tierpark nach Berlin gefahren. Nachdem wir aufs Land gezogen sind, hat das ganz aufgehört. Es gab nichts mehr.

Als ich in der neunten Klasse war, bekam ich mit, dass mein Vater eine Freundin hat. Es war die Frau vom Nachbarhof. Ich habe mich aber nicht getraut, das meiner Mutter zu sagen. Zwei Jahre lang ging das. Dann hat die Partei meinem Vater gesagt, er müsse sich entweder scheiden oder die andere Frau laufen lassen. So einen Bigamisten wollten sie nicht. Mein Vater wollte bei meiner Mutter bleiben. Weil, da hat er die Wärme und alles gekriegt und drüben bei der Frau den Sex. Aber es ist anders gekommen. Eines Tages hat mein Vater meine Mutter so verdroschen, dass sie in den Sand gefallen ist. Die hat Sand in die Augen gekriegt und nichts mehr gesehen. Da hat er gesagt: »Na und. Krepier doch.« Und danach war komplett alles aus. Und dann haben sie die Scheidung eingereicht, und zwei Tage vor dem 25. Hochzeitstag war der Scheidungstermin. Das Allerschlimmste war, als sie alle Kinder in die Wohnstube geholt haben. Wir mussten uns wie Orgelpfeifen hinstellen und sagen, bei wem wir bleiben wollen. Alle sagten »bei Mutti«. Daraufhin ist mein Vater aufgestanden, hat ein paar Sachen gepackt, und 'ne halbe Stunde später ist er raus.

Nachdem Jenny geboren war, hab' ich eine Lehre in einer Gaststätte in Fürstenwalde gemacht. Alle haben Prämie gekriegt. Nur ich nicht, weil ich mal ein paar Knochen für einen Hund geklaut hatte. Aber ich hab' mich dann gerächt. Da nahm ich schon mal ein Kilo Käse oder ein Glas Marmelade mit nach Hause. Wenn ihr Arschbande mir keine Prämie gebt, klau' ich eben alles zusammen. Ist mir scheißegal. Drei, vier Wochen nach dem Mordversuch von Jennys Vater hab' ich einen neuen Vater für Jenny gesucht. Und ich hab' auch jemanden gefunden. Es fing an, als Jenny drei Jahre alt war. Als sie

zwölf war, war es ganz vorbei. Er war der liebste Mensch, wenn er nüchtern war. Der hat gemacht, der hat geharkt, der hat gebaut. Zwei Jungs habe ich von ihm gekriegt. Aber wenn er getrunken hatte, war es aus. Dann war ich die größte Hure, die größte Nutte. Es kam immer häufiger vor, dass er gesoffen und mir eine geknallt hat. Als wir uns kennen gelernt haben, kam er aus dem Gefängnis. Fünf Jahre saß er wegen Körperverletzung und Diebstahl und so. Der war aus 'ner Familie mit acht Kindern, und er war der Jüngste. Mit 16 ist er dem Alkohol verfallen. Ist auch heute meine größte Sorge. Unser ältester Sohn ist jetzt fast 16, und ich hab' so große Angst, dass der Vater ihn zum Trinken verführt. Als er von seinem Vater kam, hab' ich es schon mal gerochen. Ich hab ihn ins Heim gegeben, weil ich damit nicht klarkomme.

Die Wende? Hab' ich die eigentlich erlebt? Im Prinzip hab' ich sie gar nicht erlebt. Ich war wieder schwanger. Die Grenzen gingen auf. Das hab' ich im Fernsehen mitmachen können. Aber mehr weiß ich auch nicht. Dann waren wir ein einziges Mal drüben und haben uns die 100 DM für jeden geholt. Also, mit der Zeit wurde es immer schlimmer mit dem Schlagen. Der hat mich zusammengefaltet, dass ich dann drei Tage nicht laufen konnte oder zwei blaue Augen hatte. Einmal hat er mich so zusammengemöbelt, dass die Polizei kam und mich ins Frauenhaus gebracht hat. Das war 1992. Ein halbes Jahr davor ist meine Mutter gestorben. Jenny war zwölf. Ich hab' sie im Heim angerufen und gesagt: »Jenny, es tut mir Leid, ich bin im Frauenhaus.« 14 Tage später bin ich dann ins Krankenhaus eingeliefert worden. Schock. Zusammenbruch.

JENNY: Ich war in der sechsten Klasse, als Oma starb. Die Heimleiterin kam zu mir. Dann fing sie an zu reden, meine Oma sei so super, meine Oma sei so toll. Das braucht mir kein Mensch

zu erzählen. Das weiß ich alleine. Ich habe ihr geantwortet: »Sie brauchen nicht weiterreden. Ich weiß, worum es geht. Meine Oma ist tot.« Dann bin ich in mein Zimmer und habe geheult. Ein Heimkind, das drei Jahre älter war als ich, kam zu mir und unterstützte mich. Alle haben mich eigentlich in dem Punkt unterstützt. Nur meine Mutter eben nicht. Am Wochenende drauf war ich nämlich zu Hause. Und meine Mutter meinte eiskalt zu mir: »Weißte, dass Oma tot ist?« Ich mein', ich weiß, warum sie so eiskalt ist, aber ich hab' es eben nicht verstanden.

ELKE: Es war ein Fehler, meiner Mutter so in den Hintern zu treten. Ich war ungerecht. Meine Mutter ist an Unterleibskrebs gestorben. Ich war sie nicht besuchen. Aber hätte ich das gewusst, dass meine Mutter so sterbenskrank ist, wäre ich öfters hingegangen.

Ich hab 16 Männer in meinem Leben gehabt. Ich hab' immer geguckt, ob ich für die Kinder einen vernünftigen Vater finde. Was ich falsch gemacht habe? Ich weiß nicht. Dass ich auf der Welt bin. Das ist mein größter Fehler.

Das Positive sehen

Selim, der lebensfrohe Wirt

42 Jahre

Es ist wichtig, im Leben stets das Positive zu sehen. Ich bin mittellos, bin dick und nicht unglücklich. Sich stets Ziele zu stecken, ist von enormer Bedeutung. Im Moment, zum Beispiel, habe ich mir in den Kopf gesetzt, abzunehmen. In den letzten zwei Monaten habe ich zehn Kilo Gewicht verloren und wiege nur noch 170. Mein Ziel sind 120 Kilo. So Gott will, werde ich es bis Ende 2005 schaffen. Natürlich muss man ganz viel Sport treiben, ganz viel spazieren gehen und laufen, damit der Bauch nicht herunterfällt. Nach der Diät wird vielleicht auch eine Operation nötig sein. Danach möchte ich gerne heiraten. Mein Gewicht kommt übrigens nicht vom vielen Essen. Ich habe Freunde, die essen viel mehr und haben Normalgewicht. Bei mir ist es der Körper. Meine Schwester hatte auch hormonelle Probleme und musste operiert werden. Jetzt wiegt sie um die 135 Kilo. Warten wir auf Ende 2005. Dann möchte ich heiraten. Ich strebe nach einem Höhepunkt in meinem Leben.

Es ist nicht so, dass ich ein unglückliches Leben führe. Ich bin glücklich. Ich liebe das Leben, die Natur, die Musik. Ich gehe in Kneipen und Restaurants, ich spiele Billard. Ich tue alles, was die anderen auch tun. Aber ich habe noch Ziele, die ich anstrebe: Ich möchte fühlen, wie es ist, eine Jeans oder eine Lederjacke anzuziehen. Ich habe mein Leben bislang durchaus

genossen. Von großen Problemen kann nicht die Rede sein. Natürlich gibt es auch unangenehme Erinnerungen. Wegen seiner Gestalt bemitleidet zu werden, zum Beispiel, ist nicht schön. So wie zwei Frauen auf einer Fähre dies einmal taten. »Was für ein armer, dicker Kerl.« Ein Ereignis in der Stadt Bursa vor 20 Jahren werde ich ebenso wenig vergessen. Damals gab es dort sehr viele arabische Touristen. Eine Frau – sie wird selbst um die 100 Kilo gewogen haben – hat ihren Mann mit den Worten »Schau dir diesen Dicken an« auf mich aufmerksam gemacht. Sie war wohl selbst nicht mit ihrem Gewicht zufrieden. Auf Arabisch habe ich gekontert: »Schau dich doch selbst an, Frau.« Das Entsetzen war natürlich groß: »Oh, der kann ja Arabisch.« Meine Eltern kommen aus der südöstlichen Provinz Mardin und sind arabischer Abstammung. Ein anderes Mal starrten mich drei junge Mädchen die ganze Zeit an. »Wollt ihr mich kaufen?«, fragte ich, »dann gebe ich euch Rabatt.« Aber es waren immer Fremde. Hier in unserem Viertel, in Yeşilköy, passiert so etwas nie. Hier kennt mich jeder. Bei jedem Laden habe ich Kredit. Die Menschen hier lieben und achten mich.

Dick war ich schon als kleines Kind. Mit vier Jahren habe ich 24 Kilo gewogen. Wenn ich Fotos zeigen könnte, würde man sehen, was für ein schönes Kind ich war. Ein richtiges Barbie-Baby. Mit den Kindern in der Schule bin ich gut ausgekommen. Die Jungs konnten nicht über mich lästern. Schließlich war ich stärker als sie. Wenn einer blöd gekommen ist, hat er eins draufgekriegt. Ausgegrenzt war ich jedoch nicht. Wenn die Nachbarskinder auf die Pflaumenbäume geklettert sind, um Pflaumen zu pflücken – so etwas konnte ich nicht –, rüttelte ich kräftig am Baum. Die Abmachung war, dass ich für das Rütteln die Hälfte der Pflaumen bekam. Es gibt immer einen Weg, die gesteckten Ziele zu erreichen. Als ich 15 war – ich

wog damals 150 Kilo –, fand ein Tischtennisturnier statt, bei dem ich mitmachen wollte. Die anderen Jungs versuchten, mir das auszureden. »Das schaffst du nicht.« Von wegen. Ich habe mitgemacht. Unter den 34 Teilnehmern wurde ich sogar Fünfter. Beim Spiel gegen den Jungen, der Erster wurde, habe ich nur 21:19 verloren. Es ist wichtig, sich Ziele zu stecken. Bei finanziellen Engpässen packte ich ebenso tatkräftig an. In meiner Kindheit wurde im Yeşilköy ein Zelt aufgeschlagen, in dem Konzerte stattfanden. Das war ganz wichtig. Unsere Idole, wie Barış Manço oder Cem Karaca spielten dort. Um mir das Geld für die Eintrittskarte zu beschaffen, kaufte ich in einem Geschäft Haselnüsse und verkaufte diese mit Gewinn vor dem Konzertzelt. Freunde haben mir während der Konzerte häufig eine Cola ausgegeben.

Wenn man das Glück anstrebt, muss man zuerst den anderen glücklich machen. Wenn man den anderen glücklich macht, ist man selbst glücklich. Das gilt für Menschen, Institutionen und Staaten. Wenn man dem anderen nichts antut, was man sich selbst nicht wünscht, dann gibt es keine Kriege. Dies ist sehr wichtig. Meine Lieblingsreklame im Fernsehen zeigt eine Frau, die immer wieder vor einem Schuhgeschäft steht und sich ein paar gelbe Schuhe für 150 Millionen Lira anschaut. Eines Tages stehen die Schuhe nicht mehr dort. Als sie sich mit ihrem Freund trifft, schenkt ihr Freund ihr genau dieses Paar gelbe Schuhe. Sie müssen das Glück in den Augen dieser Frau sehen. So ist das mit dem Glück. Wenn du niemanden glücklich machst, kannst du nicht glücklich sein. Wer von anderen nur fordert, wird immer unglücklich bleiben. Freundschaft darf nicht nur bis zum Markt reichen, sie muss bis zum Grab reichen. Auch teilen muss man können. Als ich jung war, gab es bei uns zu Hause selten gegrilltes Fleisch. Dennoch kamen mir die Tränen, wenn ich an die anderen Kinder, die gar kein

Fleisch zu essen hatten, denken musste. Teilen ist das Wichtigste im Leben.

Eine richtige Schulausbildung habe ich nicht. Nach der siebten Klasse bin ich nicht mehr zur Schule gegangen. Da ich mir mein Geld selbst verdienen musste, war es schwierig, Schule und Arbeit unter einen Hut zu bringen. Nach der Arbeit schlief ich um 3 Uhr morgens ein und musste doch um 7.30 Uhr wieder aus dem Bett. Das Resultat war, dass ich ganz schlecht in der Schule war. Gearbeitet dagegen habe ich mein ganzes Leben. Ich könnte mehrere Dutzend Arbeiten aufzählen. Ich habe auf dem Markt Wasser verkauft, ich war Lotterieverkäufer, Goldschmied, arbeitete in der Sauna, im Lunapark, war Kellner und Haselnussverkäufer. Jetzt führe ich ein Lokal, das einem Freund gehört. Es ist wie ein Café, doch der Zutritt ist nur für Mitglieder. Ich habe nie abseits des Lebens gestanden, weder, weil ich dick, noch, weil ich arm, noch, weil ich christlicher Assyrer bin.

In meiner Familie bin ich trotz meines Gewichtes derjenige, der am schnellsten ins Auto ein- und aussteigen kann. Langsamkeit mag ich nicht. Zudem halte ich mich für einen ganz ordentlichen Menschen. Das Bad verlasse ich, wie ich es vorgefunden habe. Das Shampoo, die Seife – alles hat seinen festen Platz. Das Viertel hier im Yeşilköy und die Menschen darin liebe ich. Umgekehrt werde ich auch geliebt. Ich habe wunderbare Freundschaften. Ich liebe das Leben, sagte ich das schon? Vielleicht ist meine Angst vor dem Tod deshalb so groß. Ich möchte lange leben. Mich immer selbst waschen, alleine auf die Toilette gehen und mich selbst anziehen können. Ärgerlich beim Dicksein sind die Socken. Die Socken sind schrecklich. Ich kann sie nicht anziehen, ohne dass das Gummi meine Beine verletzt. Hinterher bin ich ganz mit den Nerven runter. Das Problem mit den Schuhen hingegen habe ich gelöst. Ein

bekannter Schuster hat die Leisten für meine Füße genommen und nähte mir welche. Meine Mutter, die schneidern kann, näht Kleider für mich. Auch die Jacke, die ich anhabe, ist von ihr. Zudem habe ich so viele liebe Freunde. Aus Deutschland bringen sie mir Unterwäsche und T-Shirts mit. Ein Problem für mich bleiben die Busse. Schöner wäre es natürlich, wenn es hier moderne Busse gäbe, die an der Haltestelle tief gehen. So habe ich beim Einsteigen große Schwierigkeiten.

Der Blickwinkel eines Menschen, seine Perspektive ist wichtig. Welche Ansichten, welche Vorlieben hat er? Ich mag bei Autos zum Beispiel Mercedes und bei Feuerzeugen Dupont. Wenn ein Mercedes vorbeifährt, den ich mir nicht leisten kann, sage ich mir: »Gott bewahre ihn vor einem Unfall.« Es gibt andere, die sagen: »Schau dir den Kerl an. Wie kommt der an einen Mercedes ran?« Neid ist mir fremd. Ich bin weder auf das Geld noch auf die Kultur anderer neidisch. Nicht, weil ich mich als jemand Besseres fühle. Jeder ist, wie er ist. Nur manchmal, wenn ich jemanden sehe – sagen wir 1,80 Meter und 90 Kilo –, dann wünsche ich mir schon, so zu sein. Aber das stürzt mich nicht in eine tiefe psychische Krise. Du lernst Leute kennen, die zwar eine Topfigur, aber keinen Charakter haben. Wenn du geboren wirst, fragt dich niemand, ob du den Koran oder die Bibel wählst. Du hast keine Chance auszuwählen. Deshalb muss man die Menschen akzeptieren, wie sie sind. Ich bin Fan vom Fußballverein Fenerbahçe. Doch nie würde ich einen Galatasaray-Fan fertig machen wollen. Wenn man Charakter hat, ist es doch egal, ob man Fenerbahçe- oder Galatasaray-Anhänger ist, es ist doch egal, ob man Chinese oder Japaner ist. Es ist weder ein Pluspunkt noch ein Minuspunkt. Wenn man einen hässlichen Charakter hat, kann man noch so oft in Moschee und Kirche gehen. Es nützt nichts. Wenn man Ziegel zermalmt, um es in Paprikapulver zu mischen, wenn

man Heroin verkauft, ist es doch egal, welcher Nationalität und Religion man angehört.

Nur einmal hat mich jemand angemacht, weil ich christlicher Assyrer bin. Es war beim Kartenspiel im Kaffeehaus. Ismail hieß er. Er hat falsch gespielt. »Spiel richtig«, habe ich gesagt, »oder hör mit dem Spielen auf.« Da schrie er mich an: »Willst du mich aus meiner Heimat vertreiben?« Da sind bei mir die Sicherungen durchgebrannt, und ich habe den Stuhl genommen und wollte zuschlagen. Ein guter Freund von mir, ein Muslim, hat mich daran gehindert. »Es lohnt doch nicht, sich mit dem abzugeben«, sagte er. Fünf Jahre lang haben Ismail und wir uns nicht gegrüßt. Am Tag der Republik, dem Nationalfeiertag, kam er zu mir und sagte »Hallo«. Ich habe mich gefreut und ihn zurückgegrüßt. Vom Verzeihen geht Größe aus. Meine engsten Freunde sind Muslime, nur ein Assyrer ist unter ihnen. Und der ist mein Freund, weil er ein ganzer Kerl, und nicht, weil er Assyrer ist.

Extreme mag ich nicht. Ich trinke Rakı, wie Atatürk. Nur im Notfall, wenn kein Rakı da ist, trinke ich Whisky. Einmal die Woche gehe ich in eine alewitische Taverna und höre mir kurdische Musik an, auch wenn ich die Worte nicht verstehe. Die Melodie sagt einem doch ganz genau, wann es um Liebe und Liebeskummer geht. Türkische Kunstmusik begeistert mich ebenso. Im Yeşilköy, in dem ich auch aufgewachsen bin, lebten Griechen, Armenier, Italiener und Muslime miteinander. Alle möglichen Sprachen wurden gesprochen. Der Eisverkäufer schenkte mir als Kind häufig Eis. Damals waren die Menschen, die zum Freitagsgebet in die Moschee gingen oder sonntags zur Kirche, besser gekleidet als heute. Man muss auf sich achten. Ich pflege Traditionen. So bringe ich zu Ostern Ostereier und Ostergebäck zum Lokal, in dem ich arbeite. Als Kind war ich sehr beeindruckt, weil in dem Ostergebäck, das man armen

Menschen schenkte, Geld drin war. Ist das nicht wunderbar? Sehr religiös bin ich allerdings nicht. Die Assyrer hier nutzen eine italienische Kirche, in die ich ab und zu gehe – wenn jemand getauft wird oder eine Hochzeit stattfindet.

Ich kenne viele Dicke, die sich der Außenwelt verschließen. Sie reden noch nicht einmal mit Eltern oder Geschwistern darüber. Wenn man sich verloren gibt, hat man bei anderen Menschen keine Chance. Ich habe mit vielen geredet, versucht, sie zu überreden: »Lass dir doch helfen. Geh doch zu einem Psychologen.« Viele haben Angst davor. Dabei sollte man sich doch helfen lassen. Wenn einer sein Unglück akzeptiert, kann man nichts machen. Wenn einer im Leben nicht kämpft, ist er verloren. Ich fühle mich wohl. Im Park von Yeşilköy gehe ich spazieren. Unser Viertel kennt mich. Wenn Fremde mich anschauen, bin ich nicht mehr beunruhigt. Ist es denn nicht wunderbar, anders zu sein und aufzufallen?

Man muss sich integrieren. Ich kenne Leute im Basar, die schon seit 30 Jahren dort sind und nicht wissen, wie man mit Kunden umgeht. So etwas geht nicht. Klar, dass du so etwas im Dorf nicht lernst. Aber nach 30 Jahren sollte man dazugelernt haben. Jeder Dummkopf hat doch nach ein paar Jahren im Basar auch Englisch gelernt. Aus der Provinz kommend, muss man sich der Stadt, Istanbul, anpassen. Natürlich bringt man Sitten und Gebräuche mit. Aber man muss sich auch verändern. Wieso kommt man in die Stadt, wenn man für Veränderung nicht bereit ist? Es gibt einige Frauen, die vermummt herumlaufen. Das ist ihre Entscheidung. Genau wie mein Leben meine Entscheidung ist und niemand das Recht hat, sich einzumischen. So etwas geht nicht. Akzeptanz beruht auf Gegenseitigkeit.

Wenn ich heirate, möchte ich ein Kind. So Gott will, wird es hoffentlich ein Mädchen. Bei der Erziehung des Kindes würde

ich schon aufpassen. Wenn Kinder ständig Schokolade, Süßwaren und Hamburger bekommen, ist das schlecht. Zu viel Fett bildet sich im Körper. Im Sommer nicht mehr als zwei Schalen Eis. Ich möchte nicht, dass mein Kind sich dick isst. Das Wichtigste ist jedoch, dass das Kind von Anfang an lernt, welchen Wert das Leben und Freundschaften haben.

Vielfalt als Chance

Strategische Eckpunkte zu einer aktuellen Debatte

von Thomas Schmid

Brauchen wir Vielfalt? Wollen wir Vielfalt? Um mit einer kleinen Provokation zu beginnen: Das Vertrackte liegt darin, dass es kaum Gremien und Orte gibt, um diese Fragen angemessen zu erörtern. Das klingt natürlich in hohem Maße paradox. Denn in der Tat, es gibt, zumindest in Westeuropa, kaum ein Thema, das im vergangenen Jahrzehnt auf Podien, Tagungen, Seminaren und sogar politischen Veranstaltungen derart häufig erörtert worden wäre als das mit den beiden Eingangsfragen umrissene. Das Eigene und das Fremde, Multikultur oder Monokultur: So oder ähnlich lauteten die Titel unzähliger Veranstaltungen und Veröffentlichungen. Und doch war es der hohe moralische Ton, welcher dort zumeist angeschlagen wurde, der einen nüchternen Blick auf das Problem meist verwehrt hat.

Deutschland – historisch durchaus vielfältig – hat sich in den vergangenen 100 Jahren in Sachen Vielfalt nicht eben hervorgetan. Der Nationalsozialismus war eine mörderische Ideologie (fiktiver) ethnischer Reinheit, der Jude war in ihm Symbol für alles, das ausgemerzt werden soll, nur weil es anders ist. Gemessen daran, war es ein Segen, dass die Bundesrepublik ein *low-profile*-Unternehmen wurde: Schon bald galt die strikte Übereinkunft, dass das Gemeinwesen ein rational begründetes, ja fast ein Zweckverband sein soll – gewissermaßen ein Zweckverband zur Steigerung des allgemeinen Wohlstands. Für starke positive wie starke negative Gefühlsausschläge war da buchstäblich kein Platz.

Davon zehren wir heute noch, und man sollte das Positive daran nicht gering schätzen. Die Kehrseite der Tatsache, dass die Deutschen in der Regel nicht wirklich willens sind, zu den nichtdeutschen oder in ihrer Herkunft nichtdeutschen Bürgern ein Verhältnis offener Akzeptanz zu entwickeln, sind die Unwilligkeit und das Unvermögen ebendieser Deutschen, ein Verhältnis intensiver Feindseligkeit gegenüber denen zu entwickeln, die prima vista nicht dazugehören. Dass Ausländer in Deutschland zwar nicht geliebt und geschätzt werden, dass sie bespöttelt, kritisiert und mit Stereotypen belegt, dass sie aber – von beunruhigenden Ausnahmen abgesehen – als letztlich irgendwie dazugehörig empfunden werden: Das ist eine Errungenschaft, die man – vor dem Hintergrund sowohl der deutschen Geschichte als auch einer in vielen Teilen der Welt endemischen strukturellen Ausländerfeindlichkeit – nicht gering schätzen sollte. Die Emphase, mit der Ausländerfreundlichkeit ausgedrückt wird, ist kein guter und zuverlässiger Gradmesser für den wirklichen Stand der Ausländerfreundschaft.

Diese vergleichsweise entspannte Sicht der Dinge hat freilich so gut wie keinen Eingang in die öffentlichen Debatten in Deutschland gefunden. Auf der einen Seite sind die aufgeklärten (und heute gewissermaßen regierungsoffiziellen) Zirkel, die sich von einem moralischen Imperativ leiten lassen und das Hohe Lied von der prästabilierten Notwendigkeit der Vielfalt anstimmen. Auf der anderen Seite sind die Stammtische, die unberührt das Hohe Lied der Ausländerabwehr anstimmen und im Fremden ausschließlich den Störenfried sehen, der möglichst schnell außer Landes zu bringen sei.

Die große Wirklichkeit aber, die zählt, liegt zwischen diesen Extremen, liegt zwischen aufgeklärtem Zirkel und Stammtisch. Sie findet aber keinen Ausdruck, keine Stimme, sie bleibt intellektuell unbearbeitet. Das hat dann zur Folge, dass alles beim

Alten bleibt: Die Stammtische grummeln und wüten vor sich hin, und die Zirkel räsonieren, wie auf dem Trockendock, vor sich hin. Und kommt es auf Konferenzen zu Begegnungen zwischen Staaten und Kulturen, dann verhindert oft genug eine Pädagogik der Freundlichkeit und des bemühten Verstehenwollens jede wirkliche Begegnung. Der Streit, ohne den eine solche Begegnung kaum produktiv sein kann, kommt zumeist gar nicht zustande und wird im Keim erstickt. Höflichkeit führt zu Verschleierung und Ergebnislosigkeit.

Etwas Weiteres kommt hinzu. Es ist ein Mangel vieler Reden über die Vielfalt, dass sie insofern einfältig sind, als sie das Problem auf die Thematik von Migration beschränken. Fremd ist der Fremde nur in der Fremde, sagte der Münchner Kabarettist und große Schriftsteller Karl Valentin. Damit brachte er jenen ironischen Ton in das Ganze, der bis heute oft fehlt. Er wollte ja auch das Gegenteil sagen: dass wir alle fremd sind, dass wir alle jeweils so unterschiedlich sind, dass unser Wesen auf keinen Nenner zu bringen ist. Und der Teil an dieser Fremdheit, der uns – in Russland, in Namibia, in Brasilien – den Eindruck vermittelt, wir seien Fremde, ist nur ein kleiner Teil davon. Obwohl wir Kontur haben, jedenfalls Kontur und einen Kern haben möchten, sind wir geradezu aus Vielfalt zusammengesetzt. Einer ist Mann, Bayer, homosexuell, CSU-Wähler und Ausländerfreund; eine andere ist Frau, Schleswig-Holsteinerin mit Vertriebenenhintergrund, PDS-Wählerin und den Ausländern nicht eben gewogen. So könnte man die Reihe fortsetzen und eine endlose Zahl von »Mischungen« aufzählen. Deren Bestandteile können, partiell zumindest, über Kreuz sein: etwa im Fall von homosexuell sein und CSU wählen. In der Mehrheit der Fälle (zu der letztlich auch der eben Genannte zählt) ergänzen sich die Bestandteile, befördern sich wechselseitig und führen (in einem nichtmateriellen Sinne)

zu größerem Reichtum. Der amerikanische Philosoph Michael Walzer hat es einmal so formuliert: Es mache ihn stärker, wenn er über mehr als eine Identität verfüge. Wer nur eine hat, ist – locker formuliert – aufgeschmissen, wenn diese bedroht ist oder ihm abhanden kommt. Da ist der besser dran, der mehrere Identitäten besitzt – in Walzers Fall die folgenden: Ostküstenbewohner der Vereinigten Staaten, Jude, Professor und so fort. Was Walzer so emphatisch formuliert, wirft im Alltag vieler jedoch eher Probleme auf. Es wird erwartet, dass X auch X ist, und nicht X plus Y plus C. Vielfalt gilt – entgegen dem Reichtum, den sie doch verspricht – als Abfall vom Wert der großen einen Identität.

Also noch einmal die Fragen: Brauchen wir Vielfalt? Wollen wir Vielfalt? Wir brauchen sie zwar, aber wir wollen sie nicht. Zumindest wollen wir sie nicht immer, sondern nur häppchenweise. Das Toleranzgebot hat in Europa eine lange Geschichte. Es ist tief in der europäischen Tradition verwurzelt und reicht historisch weit hinter die Aufklärung, die gemeinhin als die Geburtsstunde der Weltoffenheit gilt, zurück. Es war die christlich fundierte Anerkenntnis der Unüberschreitbarkeit des Individuums, die in Europa jenen Prozess des Zweifelns auslöste, der – trotz aller Gefährdung – im Ergebnis dazu führte, dass der andere in seiner Existenz im Prinzip grundsätzlich anerkannt wurde, gerade auch in seiner Andersartigkeit.

Es ist leicht, die europäischen Verstöße gegen dieses Prinzip aufzulisten – von den Kreuzzügen über die Konquista bis zu den Hexenverfolgungen. Es gilt aber auch, dass es immer wieder möglich war, unter Berufung auf die Werte der christlichen Tradition diese Verstöße als Verbrechen zu entlarven, die in Zukunft zu unterbleiben haben. Kein Zufall war es, dass fast zeitgleich mit der Konquista der öffentliche Prozess der grundsätzlichen Kritik an der Konquista begann.

Doch das praktisch durchgesetzte Toleranzgebot betrifft im Wesentlichen nur die öffentliche Sphäre. Diese zwingt uns, wo wir öffentlich agieren, zu Toleranz und zu Offenheit gegenüber Fremden. Der Umgang mit Vielfalt hat, so anregend, beflügelnd und nützlich er auch sein mag, oft auch etwas von Zumutung. Der Mensch, ein begrenztes Wesen, ist ein Gewohnheitstier, und jenseits der Sphäre kulturellen und kulinarischen Genusses schätzt er besonders das, was er kennt, was ihm vertraut ist. Zwar ist er neugierig, aber er ist es nur auf der Basis seiner Gewohnheiten: Die Neugier ist eine vergleichsweise kleine Insel im Meer des Vertrauten.

Wohl stimmt es, dass die meisten Gesellschaften der Welt (die japanische stellt mit ihrem erklärten Hang zur Monokulturalität eine bemerkenswerte Ausnahme dar) Ergebnis einer Vielfalt von Einflüssen von außen sind; gerade die deutsche macht da entgegen einem noch immer populären Vorurteil keine Ausnahme: Von der Völkerwanderung bis zur Integration von Millionen von deutschen und deutschstämmigen Flüchtlingen aus dem Osten und von Migranten aus dem Süden Europas ist sie das Produkt multikultureller Durchdringung. Es wäre aber ganz falsch, aus dieser Wirklichkeit zu schließen, dass sie eine erwünschte Wirklichkeit sei.

Das Gegenteil ist wahr: Gerade weil die verstörende Erfahrung des Bruchs, der Erneuerung von außen, der Eroberung, des mehr oder minder unfriedlichen Eindringens bisher fremder Kulturen und Werte der Normalfall ist, ist die menschliche Natur zumindest auch bestrebt, in der entgegengesetzten Richtung Zuflucht zu suchen: Unter Missachtung der historischen Dimension versucht man (darin haben es vor allem die Deutschen sehr weit gebracht), den Jetztzustand monokulturell, also »einfältig« zu missdeuten: Man will das Fremde – im Fall der Deutschen: das Römische, Wandalische, Russische

etc. – im Eigenen nicht mehr als Fremdes, also als Bestandteil von Vielfalt wahrnehmen. Und vor allem: Man will nicht, dass die bestehende Kultur durch neue Wellen des Fremden beunruhigt, verändert, auf die Probe gestellt und erweitert wird.

Der italienische Schriftsteller und Maler Alberto Savinio, ein Bruder Giacomettis und ein passionierter Bürger der Kultur- und Wirtschaftsmetropole Mailand, hat es einmal auf eine provozierende Formel gebracht: Kultur, sagte er, ist grundsätzlich *nicht* neugierig. Der Mensch schätze das ihm Bekannte und versuche nach Kräften, sich darin einzurichten. Dem Fremden gegenüber – sei es der Fremde als Mensch oder die fremde Kultur – sei er eigentlich feindlich eingestellt. Und Savinio fügt hinzu: Wo diese Haltung offensiv gepflegt wird (wo also die Wasser des Fremden abgewehrt werden), erreiche Kultur oft erst ihre eigentliche Blüte.

Man sollte nie aus den Augen verlieren, dass der beschriebene Hang zur Monokultur (fast) allen Gesellschaften eigen ist; und man sollte sich hüten, daraus vorschnell einen Vorwurf zu schmieden. Es gilt vielmehr, jenseits moralischer Erwägungen mit diesem Umstand umzugehen. Freilich gilt auch, dass damit noch nicht viel gewonnen ist. Denn wie es wahr ist, dass wir Vielfalt oft genug nicht wollen, so ist auch wahr, dass wir Vielfalt brauchen, oder, schlichter noch: dass Vielfalt einfach Wirklichkeit ist. Es mag mit der unendlich langen Zeit zu tun haben, die Menschen brauchen, um Erfahrungen zu internalisieren und in die Hardware der Gesellschaft eingehen zu lassen, dass wir – und das gilt auch für fortschrittliche Multikulturalisten – geistig noch immer an einer Idee von mehr oder minder statischer Gesellschaft orientiert sind.

Der Fremde, schrieb der Philosoph und Soziologe Georg Simmel vor etwas mehr als 100 Jahren, wurde früher als Gast ge-

schätzt: weil er, der den Ruch des anderen verbreitete, wieder ging und in seinem Wegsein die Gesellschaft in ihrer Verfasstheit bestätigte. Das ist aber, so Simmel damals schon, längst nicht mehr die Realität. Denn der Fremde, der heute kommt, bleibt auch morgen und übermorgen und so fort. Das verstört, und es provoziert. Indem der Fremde qua Anwesenheit seine Wahrnehmung der Welt in der neuen Gesellschaft heimisch macht, nimmt er den einheimischen Sichtweisen das Selbstverständliche. Die Welt, eben noch vergleichsweise eindeutig, wird vieldeutig, verliert an Vertrautheit. Damit müssen die Menschen in der Moderne umgehen, und sie lernen es auch mühsam. Doch zugleich begehren sie immer wieder dagegen auf, und dieses Aufbegehren nimmt nicht nur die Gestalt der Fremdenfeindlichkeit an: Es kann ebenso als Verteidigung einer herkömmlichen »moral economy«, vertrauter Lebenswelten oder der Umwelt daherkommen.

In den Vereinigten Staaten, die ja in ihrer heutigen Verfasstheit einwanderungskonstituiert sind, mag der Prozess ständiger Einwanderung und damit auch ständiger Erneuerung als etwas Selbstverständliches, also als etwas gelten, das nicht beunruhigt. Für die Gesellschaften Deutschlands und der Türkei gilt das jedoch mit Sicherheit nicht. Denn ihre historische Erfahrung scheint sie – auch wenn das mit historischer Wahrheit wenig zu tun hat – zu lehren, dass ein möglichst homogenes Staatsvolk Voraussetzung eines funktionierenden staatlichen Gemeinwesens ist. Nicht, dass die Notwendigkeit oder Zuträglichkeit von Veränderung durch Einwanderung grundsätzlich bestritten würde. Doch es gilt als wünschenswert, dass die Verhältnisse klar sind: hier die große Masse der Mehrheits-, der aufnehmenden Gesellschaft, die den Takt vorzugeben habe – und dort die Minderheit der Hinzukommenden, die vielleicht die vorgefundenen Normen und Werte leicht modifizieren dürfen,

die sich aber vor allem der vorhandenen Mehrheit anzupassen haben. In dieser Haltung unterscheidet sich die Mehrheit der Deutschen in Deutschland nicht von der Mehrheit der Türken in der Türkei. Beiden gilt Einwanderung und damit gesteigerte Vielfalt vor allem als Zumutung, als Belastung und als Gefahr, die es abzuwenden gilt. Die Mehrheit der Deutschen hat nicht wirklich etwas gegen Ausländer – sie ist aber auch nicht in einem emphatischen Sinne ausländerfreundlich; und das dürfte in der Türkei nicht viel anders sein. Und unter den in Deutschland lebenden Türken dürfte mancher sein, der sich nicht als Freund der Deutschen sieht.

Es sind etliche Metaphern geschaffen worden, um die durch Einwanderung veränderte oder gar konstituierte Gesellschaft zu beschreiben, zumeist kamen sie aus Amerika. Es war etwa vom *melting pot*, vom Schmelztiegel die Rede. Als später deutlich wurde, dass auch in der Neuen Welt nicht etwas voraussetzungslos Neues entstanden war, dass die Kulturen, die sich da mischten, keineswegs im Prozess einer schöpferischen Zerstörung verschwunden waren, sondern – besonders in der zweiten und dritten Generation – munter weiterlebten, kam das Bild von der Salatschüssel auf: Locker mischen sich die Kulturen und Traditionen, verlieren sich aber nicht. Und neuerdings wurde ein neues Bild bemüht: das des Sandwichs, also der Schichtung der Kulturen. Am eindrücklichsten wird wohl, aller Unangemessenheit zum Trotz, die Metapher vom *melting pot* in Erinnerung bleiben – einfach deswegen, weil sie wie kein anderes Bild für die heroische Phase des modernen Einwanderungsgeschehens steht.

Wie auch immer, die Vereinigten Staaten sind für uns in Europa *das* Land, in dem von Beginn an Vielfalt ein konstitutives Element gewesen ist. Spätestens seit die Einwanderer nicht mehr nur protestantische Nordeuropäer, sondern Ka-

tholiken, Polen, Ukrainer, Russen, Juden, Asiaten und so fort waren, stand Amerika vor einem ganz praktischen Problem, das tagtäglich gelöst werden musste: Wie leben Menschen unterschiedlicher ethnischer, religiöser und weltanschaulicher Herkunft halbwegs gedeihlich neben- und miteinander? In Amerika war von Anfang an unausweichlich, was in Europa erst Schritt für Schritt gelernt werden musste: Dass man mit Vielfalt – ob man sie nun mag oder nicht – ganz einfach umgehen muss; dass sich dieser Umgang nicht immer einfach ergibt, also Vorkehrungen, Maßnahmen und Gesetze nötig sind, um die gewaltlose Koexistenz sicherzustellen. Vielfalt, »Diversity«, war in diesem Sinne immer schon eine in Amerika übliche programmatische Anstrengung – die freilich im Zuge der Emanzipationsbewegungen der sechziger und siebziger Jahre des vergangenen Jahrhunderts einen neuen Schwung bekam, etwa durch die Bewegung der Schwarzen oder den Feminismus. Seitdem ist in Amerika der Gedanke vertraut, dass Vielfalt nicht nur existiert, sondern dass die Gleichberechtigung aller durch Politik – etwa durch die der *affirmative action* – gesichert werden kann und muss.

Amerika – das war einmal das Symbol für die Möglichkeit einer von Grund auf neuen Welt, welche die Lasten, die Mühsal und den historischen Müll der Alten Welt hinter sich lässt. Dieses Bild war auch an einen stürmischen Fortschrittsglauben gebunden, der – aus heutiger Sicht naiv – von der Machbarkeit des größtmöglichen Glücks möglichst vieler ausging. Diese Zeiten sind lange vorbei, uns ist die alte Hoffnung der Aufklärung abhanden gekommen, der Koexistenz der Kulturen werde die Zukunft gehören. E pluribus unum, man könnte sagen: aus der Vielfalt die Einheit – diese für die Vereinigten Staaten emblematische Parole könnten wir nicht mehr im Brustton der Überzeugung vortragen.

Die historischen Erfahrungen des 20. Jahrhunderts haben der Philosophie, die hinter solchem Überschwang steht, ihre ursprüngliche Evidenz, ihre unmittelbare Überzeugungskraft geraubt. Wir wissen, das Böse ist in der Welt, der Mensch ist nicht nur gut, und es ist schon viel gewonnen, wenn die Gewaltpotenziale, die in der Begegnung der Kulturen und Völker schlummern, gezähmt und halbwegs zivilisiert werden. Die multikulturelle Philosophie, ein letztes Kind des alten Fortschrittsglaubens, ist schal geworden. Samuel Huntington hat in der Beschreibung der neuen Wirklichkeit, die mit dem Ende des Kommunismus ja nicht friedlicher geworden ist, nicht ganz Unrecht: Im Zusammenleben der Kulturen könnte der Konflikt zwischen den Kulturen der Normalfall werden, auf den wir uns einzurichten haben.

Das Ende der vielen ungleichzeitigen Welten und das Aufkommen der *einen* globalisierten Welt, deren materielle Symbole weltweit unwiderstehlich sind, hat nicht zum friedlichen Nebeneinander der Völker geführt; es hat, im Gegenteil, die Kräfte der Abgrenzung, auch der gewaltsamen Abgrenzung, erheblich anwachsen lassen. Und der Siegeszug der technischen Vernunft hat zwar die Welt entzaubert und die herkömmlichen religiösen Gewissheiten aufgelöst – es ist aber, aller Laizität zum Trotz, keine areligiöse Welt entstanden; es hat vielmehr – allen Prognosen zuwider, die noch vor ein paar Jahrzehnten gängig waren – die Bedeutung des Religiösen erheblich zugenommen: in friedlichen oder privaten Formen ebenso wie in militanten und kollektivistischen. Alles das, was die Moderne dem Antiquariat der Geschichte überantworten wollte, ist durch die Hintertür wiedergekehrt – und zwar oft genug in wenig erfreulichen Formen. Um eine Wendung zu gebrauchen, die schon in der Morgenröte der fortschrittsgläubigen Aufklärung aufkam: Der Versuch, die Welt zu einem für

alle freundlichen Ort zu machen, hat aus etlichen begeisternden Ideen Monster gemacht.

Die alten Vorstellungen von multikultureller Vielfalt sind erschöpft, vielleicht muss man sogar sagen: Sie gehören zu Recht der Vergangenheit an. Denn sie setzten in naiver Weise darauf, dass die Feindschaft der Völker untereinander ein Ende haben werde, wenn man die Völker nur machen ließe: Es würde so leichthin zur freundlichen Mischung der Kulturen kommen. Das war ein rousseauistisches Missverständnis, und im Zuge von Versuchen, damit Politik zu machen, ist viel Unheil angerichtet worden. Nicht, dass es keine neue, andere Vorstellung oder Vision von Vielfalt als Motor gesellschaftlicher Entwicklung geben könnte. Ganz im Gegenteil: Hier werden noch Welten zu entdecken sein. Sicher ist aber auch, dass sich das bisher verwendete geistige, politische und institutionelle Instrumentarium, dieses Ziel zu erreichen, als unangemessen erwiesen hat, um das Mindeste zu sagen. Es braucht eine nicht naive Idee von Vielfalt, eine Idee von Vielfalt, welche die Philosophie der Blumenwiese hinter sich lässt.

Dies alles vorausgesetzt, stellt sich die Frage, welchen Stellenwert »Diversity« denn haben soll. Mit dem Prozess der Globalisierung, der die *eine* Welt herzustellen beginnt, nimmt zugleich die Vielfalt zu – religiös, politisch, gesellschaftlich. Kulturen, die bisher räumlich vergleichsweise strikt voneinander getrennt waren, treffen sich nun am gleichen Ort. Im Berliner Stadtteil Kreuzberg wird Türkisch fast ebenso häufig gesprochen wie Deutsch, und viele andere Sprachen kommen hinzu. In Minneapolis sind die Hinweisschilder in den öffentlichen Verkehrsmitteln in sieben Sprachen gedruckt – ein Beweis dafür, dass Vielfalt auch an Grenzen der Verständlichkeit reichen kann. Und zu den unterschiedlichen Sprachen kommen unterschiedliche Wertvorstellungen hinzu, die bereichern,

aber auch bedrohlich für den gesellschaftlichen Zusammenhalt werden können. Die zentrale Rolle, welche die Familie etwa in Gesellschaften mit muslimischer Tradition spielt, kann laizistischen, einem strengen Wertewandel ausgesetzten Gesellschaften Europas hilfreich sein. Weniger hilfreich ist es dagegen, wenn in Frankreich ein Imam regelmäßig seine Frau verprügelt, sich dabei auf die Tradition seines Glaubens beruft und der französische Staat – wehrhaft laizistisch und in hohem Maße freiheitlich – seine liebe Not hat, den Schläger zur Räson zu rufen.

Es ist leicht zu erkennen, welche Aufgabe – genauer: welche Vielzahl von Aufgaben – in dieser Situation eine Politik der Vielfalt, ein »Managing Diversity« haben muss. Sie muss erstens Vielfalt bewahren, beschützen, sichern. Da in (fast) jeder Gesellschaft das Fremde wie auch das, was nicht der Norm der Mehrheit entspricht (etwa Homosexualität) zuerst als bedrohlich, zumindest aber als nicht wünschenswert gesehen wird, muss eine Politik der Vielfalt den Schutz der Vielfalt organisieren. Sie muss Verständnis schaffen für die Lebensweisen und Weltbilder von Minderheiten, muss – unter Berufung auf Recht und Verfassung – den Minderheitenschutz einklagen und im Zweifelsfall juristisch, also auch polizeilich durchsetzen.

Es ist nicht selbstverständlich, dass etwa Homosexuelle, Behinderte, Alte und Frauen in ihrer Besonderheit respektiert, geachtet und gefördert werden. Dieser Schutz fiel Gesellschaften wie der deutschen oder der französischen, die auf unterschiedliche Weise in die Barbarei des ethnisch begründeten Nationalismus verwickelt gewesen waren, historisch wahrlich nicht leicht – der historische Vielvölkerstaat des Osmanischen Reichs war da sicher weiter. Heute hat man, auch auf Grund einer glücklichen wirtschaftlichen Entwicklung, in Europa die Chance gehabt und wahrgenommen, sich mit Minderheiten-

schutz und in gewisser Weise auch »Diversity« anzufreunden
– während in der Türkei doch immer noch zu Teilen das Erbe
einer 80 Jahre andauernden kemalistischen Orthodoxie zu
spüren ist, die im Wertepluralismus stets mehr die Gefahr als
die Chance sah.

Eine Politik der Vielfalt muss zweitens mehr sein als eine
Politik der Duldung. Die Unterschiede sollen nicht, wie ein
Defekt, gewissermaßen wie eine Behinderung hingenommen
werden. Das Grundrecht auf Unterschiedlichkeit muss zum
Tragen kommen – und es sollte ein Verständnis dafür entstehen, dass Vielfalt eine Gesellschaft nicht umstandslos bedroht,
sondern sie reicher und vielleicht sogar überlebensfähiger und
widerstandsfähiger macht. Da dieses Verständnis – über das
Ja zur gastronomischen Vielfalt hinaus – kaum jemandem in
die Wiege gelegt wurde, gilt es, dafür zu werben. Das ist nicht
unwesentlich eine pädagogische Veranstaltung – mit allen Gefahren, die fast aller Pädagogik eigen ist: Sie neigt dazu, das
Wünschenswerte zu erzwingen; sie setzt auf den guten Willen und übersieht leicht das Dunkle in der Welt; sie ist von
einer Überredungskunst getragen, die manchmal nicht weit
entfernt vom Übertölpeln ist; und sie hat den Hang, über das
Ziel hinauszuschießen und zu viel des Guten zu wollen: Die
Anerkenntnis von Vielfalt kann fast so etwas wie ein religiöses
Credo werden.

Eine Politik der Vielfalt muss drittens versuchen, Brücken
zu bauen. Die Gefahr des herkömmlichen Multikulturalismus
liegt darin, dass er dazu neigt, die Menschen auf ihre – ethnische, kulturelle, gesellschaftliche – Herkunft zu reduzieren
und sie darin einzuschließen, sie darin festzuhalten. Betrachtet man eine auf diese Weise multikulturelle Gesellschaft von
oben, dann erscheint sie in der Tat als eine außerordentlich
bunte Wiese; jeder einzelne Farbtupfer steht aber für sich. Die

unterschiedlichen Kulturen stehen nicht im Austausch miteinander, ganz zu schweigen davon, dass sie sich vermischten – sie sind vielmehr voneinander isoliert. Deswegen muss eine produktive Politik der Vielfalt versuchen, Brücken zu bauen. Mehr noch, sie sollte Grenzen zum Verschwimmen bringen, Eindeutiges vieldeutig machen. Mit anderen Worten: Eine Politik der Vielfalt sollte Identitäten nicht beschwören und als etwas Unüberschreitbares verehren – sie sollte Identitäten hinterfragen und lockern. Das ist im Übrigen das ziemliche Gegenteil eines gefälligen Multikulturalismus. Denn der andere wird hier nicht in seinem Anderssein verklärt – er wird stattdessen den Zumutungen (auch den Schmerzen) der Öffnung, der Neu-Erfindung, der Neu-Konstitution ausgesetzt.

Zu einer Politik der Vielfalt gehört daher viertens der Impuls, bei aller bunten Vielfalt doch unnachgiebig darauf zu achten, dass die Normen der bürgerlichen Zivilgesellschaft unbedingt verbindlich sein müssen. Es geht nicht an, dass unter Berufung auf kulturelle Traditionen und auf die Idee von »Diversity« die rechtsstaatlichen Normen ausgedünnt werden. Hier gilt es für die Gesellschaften Europas, dass sie wehrhaft ihre in schwierigen Entwicklungen durchgesetzten Normen verteidigen. Es hat gute Gründe, dass in Europa die Menschenrechte als etwas gelten, das keine Abstriche duldet. Es hat nichts mit kulturellem Imperialismus zu tun, wenn die Staaten Europas an dieser Stelle nicht »offen« sind. Das Ganze ist – siehe etwa das Problem des Schächtens, siehe den Kopftuchstreit – gewiss eine Frage des Abwägens, oft auch des Fingerspitzengefühls. Und gewiss gilt auch die Regel, dass eine Mehrheitsgesellschaft zumeist sehr viel mehr an Vielfalt verkraften kann, als sie vorerst anzunehmen bereit ist. Es gibt aber Grenzen, die man in Europa um des Zusammenhalts der Gesellschaft willen beachten muss. Frauen um ihre Entfaltungschancen in einer westli-

chen Gesellschaft zu bringen: Das liegt mit Sicherheit jenseits dieser Grenzen. Gerade die Gesellschaft der vielfältigen Kulturen braucht eine spröde *lingua franca* der Menschenrechte, des Rechtsstaats und der Zurückweisung aller theokratischen Ideen. Eine Politik der »Diversity« mag auf etwas grundsätzlich anderes als Assimilation zielen – alle gelungenen Prozesse von Integration zeigen jedoch auch, dass nicht einfach aus der Vielheit etwas gänzlich Neues entsteht, sondern eine Mehrheitsgesellschaft am längeren Hebel sitzt und von ihren Werten mehr durchsetzt als die Minderheiten. Das ist, pointiert formuliert, nicht Unterdrückung, sondern der Lauf der Dinge. Es gibt in der Geschichte kein Recht auf das Konservieren von Kulturen – Kulturen können auch dadurch untergehen, dass sie sich verlieren. Die Wendung von den Bindestrich-Identitäten ist hübsch, trägt aber nicht weit: Menschen sind keine additiven Wesen.

Einer Politik der Vielfalt muss fünftens gegenwärtig sein, dass sich Vielfalt und Demokratie keineswegs umstandslos aufeinander reimen. Wir neigen dazu, Demokratie, Toleranz, Freiheit und Vielfalt auf einen Faden zu ziehen. Doch die historische Evidenz spricht nicht dafür. Das Anliegen der neuzeitlichen demokratischen Bewegungen war die Selbstbestimmung – und das war zumeist auf exklusive, auf ausschließende Weise ethnisch gemeint. Während etwa die Juden Galiziens unter der nichtdemokratischen Herrschaft des k.u.k. Reiches lange Zeit vergleichsweise friedlich leben konnten, wurde es für sie mit dem Erstarken des polnischen wie des ukrainischen Nationalismus in der Region immer gefährlicher: Weil sie – so oder so – ethnisch nicht dazugehörten, wurden sie ausgegrenzt. Die Koexistenz der Völker, Kulturen und Religionsgemeinschaften funktioniert unter nichtdemokratischen Bedingungen oft besser als unter demokratischen: Jugoslawien ist ein neueres, das

Osmanische Reich ein älteres Beispiel. Gerade dann, wenn der *demos* etwas zu sagen und zu bestimmen hat, kommt es darauf an, dass die Regeln des zivilen Zusammenlebens eiserne Gültigkeit haben und auch durchgesetzt werden. Ein Staat, der einer Politik der Vielfalt huldigt, muss ein starker Staat sein. Und er braucht eine gute Polizei: Sie sollte kulturell mehrsprachig sein, gut ausgerüstet und entschlossen, die Normen der Zivilgesellschaft durchzusetzen. Oft fehlt es heute gerade an multikulturellen Brennpunkten an dieser Entschlossenheit.

Eine Politik der Vielfalt muss sechstens in Fragen der Religion aufmerksam und gewissermaßen musikalisch sein. Ganz anders, als oft vermutet worden ist, hat die Entzauberung der Welt und der Weg in den Laizismus nicht zum Verschwinden des Religiösen geführt. Dieses hat, im Gegenteil, an Bedeutung zugenommen – und das hat zu einer bisher völlig unbekannten Situation geführt. Die Koexistenz der zwei großen christlichen Religionsgemeinschaften, der lange und blutige Glaubenskämpfe vorausgegangen sind, ist ein Kinderspiel gemessen an dem, was nun – zumindest in den entwickelten Industriegesellschaften – Normalfall wird. War zuvor in Europa ein gleichmäßiger Bedeutungsverlust der christlichen Kirchen zu beobachten, bestehen nun ganz unterschiedliche religiöse Aggregatzustände nebeneinander. Der Mehrheit der religiös eher Indifferenten in West- und Osteuropa steht eine wachsende Minderheit Neureligiöser entgegen, die zuweilen ihre Sicherheit auch jenseits des Christentums suchen. Und daneben wiederum gibt es die nichtchristlichen Bekenntnisse – allen voran das muslimische, deren Anhänger in Europa längst die Zahl derer übertrifft, die jüdischen Glaubens sind.

Auch diese Vielfalt birgt explosive Potenziale, ist also nicht nur Bereicherung. Es könnte, was Europa betrifft, keine Über-

heblichkeit sein, wenn vom Islam in Europa etwas eingefordert wird, was der Entwicklung des Christentums in den letzten 500 Jahren vergleichbar ist: eine Trennung von Staat und Kirche, ein Verzicht der religiösen Würdenträger auf weltliche Ambitionen und eine Verfasstheit des Islam, der zur Herausbildung offizieller Instanzen führt. Es ist gewiss nicht Teil einer wünschenswerten Vielfalt, wenn unter dem Schutzmantel der Religion eine Propaganda betrieben wird, die auf die Zersetzung und Zerstörung des Rechtsstaats zielt. Wie von der christlichen Mehrheitsgesellschaft die – nicht immer einfache – Toleranz gegenüber dem Islam verlangt werden muss, so dürfen die Muslime in Europa das Ansinnen nicht empört von sich weisen, ihrer Religion ein Gehäuse zu verpassen, das mit den Institutionen der zivilen Gesellschaft und des Rechtsstaats kompatibel ist. Jedenfalls ist es nicht gut, wenn sich radikale Strömungen des Islam auf das Recht auf freie Religionsausübung berufen und, von der Öffentlichkeit uneinsehbar, Intoleranz und Gewalt predigen. Solche Strömungen zu marginalisieren: Das muss im Interesse der großen Mehrheit der Muslime in Deutschland sein. Wenn ihnen das gelänge, wäre vielleicht die lockere religiöse Verfasstheit in Moschee-Vereinen eine Alternative zur strengen Verfasstheit der beiden großen christlichen Kirchen.

Beide Seiten haben hier eine Bringschuld. Beide Seiten müssen sich bewegen. Leider ist diese Einsicht noch nicht besonders weit verbreitet. Allen Anstrengungen zum Trotz verharren die europäischen Mehrheitsgesellschaften – selbst in Ländern mit langer Kolonial- und Einwanderungserfahrung – oft genug in ihrer Überzeugung, die wachsende Vielfalt der Einwanderungsgesellschaft sei entweder ein vorübergehendes Phänomen, oder sie sei durch ihre Abschleifung im Prozess der Assimilation zu entschärfen.

Wie in Deutschland die konservativen Parteien nach der Vogel-Strauß-Methode lange die Tatsache geleugnet haben, dass Einwanderung in der Moderne etwas Normales ist und dass sich die Gesellschaft langfristig dadurch verändern muss und wird, so haben die »einheimischen« Bevölkerungen in ganz Europa lange gehofft, alles könne beim Alten bleiben. Hier sind nun Veränderungsbereitschaft und Phantasie gefragt: Wir Westeuropäer müssen uns ein Europa vorstellen können, in dem die Hinweisschilder in den öffentlichen Verkehrsmitteln mehrsprachig sind, in der uns vorerst verschlossene Kulturen heimisch werden, in dem der Muezzin ruft und die uns bekannte Ordnung nicht nur an den Rändern ausfranst.

Doch auch die »andere Seite« muss sich bewegen, und nicht selten ist der Nachholbedarf hier sogar größer. Die Tatsache, dass Einwanderer in Europa oft zu einer marginalisierten Existenz verurteilt gewesen sind, hat auch dazu geführt, dass sich unter ihnen eine Opfermentalität entwickelt hat, die inzwischen recht tief sitzt. Weil man ausgegrenzt ist oder war, sind immer die anderen schuld. So wird nicht bewusst, dass die Einwanderer nicht nur an der Integration gehindert wurden, sondern oft – aus Bequemlichkeit, aus Desinteresse an der neuen Gesellschaft, auch aus Geringschätzung ihr gegenüber – selbst nicht viel für ihre Integration getan haben. Viele haben sich in ihren *communities*, haben sich allzu selbstgenügsam in ihren kleinen ökonomischen und kulturellen Gegenwelten eingeschlossen.

Und indem sie – was die Muslime betrifft – zuweilen jede Kritik etwa am islamischen Fundamentalismus auf sich beziehen und dahinter eine Abwertung *der* Muslime wittern, stellen sie genau jene kollektive Identität her, mit der sie doch zu Recht nicht belegt werden wollen. Dass der Einzelne zählt, dass sein Bewusstsein und dass seine Tat zählt: Das ist eine Einsicht, die

in Einwandererkreisen keineswegs selbstverständlich ist. Noch haben die Wellen des Individualismus, der Identitäten vervielfacht und multipel macht, die Gesellschaft vieler Einwanderer nicht wirklich erreicht. Dass es dazu kommt: Dafür müssen auch die Einwanderer etwas tun. Sie sollten auf Distanz gehen zur – gewissermaßen gewerkschaftlichen – Politik der Anklage und des Opferstatus.

Denn zur Politik der Vielfalt gehört auch der Abschied vom Kollektivismus, also von der Konstituierung des Einzelnen durch die anderen. Vielfalt heißt auch, die Gruppe hinter sich zu lassen und den Versuch zu wagen, ins Neuland anderer Kulturen, Lebensweisen und Weltwahrnehmungen vorzudringen. Man kann freilich, um einen Ausspruch von Ralf Dahrendorf zu variieren, dieses Neuland am besten dann betreten, wenn man eine Heimat hat: eine Gruppe, in der man aufgehoben ist, deren Urteile (und sicher manchmal auch Vorurteile) man teilt und der man sich auf natürliche Weise zugehörig fühlt. Wir bewegen uns zwischen Heimat und Neuland. Soll diese Bewegung gelingen, bedarf es auch einer Politik der Befähigung zur Nestflucht. Wir sind Stubenhocker und ein bisschen Nestflüchter. Des einen sollten wir uns nicht allzu sehr schämen, das andere sollten wir – ein bisschen auf die Pädagogen der »Diversity« hörend – lernen.

»Arbeit am Nervensystem der Globalisierung«
Nachwort des Deutsch-Türkischen Dialogs der Körber-Stiftung

Türke sein und Goethe-Interpret; dick und lebensfroh; behindert und selbstbewusst: Ömer Erzeren stellt uns mit seinen Geschichten Menschen vor, die nicht ins übliche Schubladendenken passen. Schnörkellos zeigt er auf, wie Einzelne, die aus ganz unterschiedlichen Gründen zu einer Minderheit gehören, mit ihrem Anderssein im Alltag umgehen. Er hat zugehört und mit seinen fast dokumentarischen Texten Menschen eine Stimme gegeben, die am eigenen Leib den gesellschaftlichen Umgang mit Vielfalt erleben. Als sensibler Beobachter vermeidet Ömer Erzeren dabei jegliche Wertung und überlässt es den Lesern, ihre eigenen Schlussfolgerungen zu ziehen. Diese offene Haltung gegenüber dem Anderssein – ohne Anpassungsforderung oder Folkloreblick – verwirrt.

Die Erfahrungen der hier vorgestellten Menschen sind weit entfernt von den theoretischen Konzepten, die Anderssein und Vielfalt seit einiger Zeit als positiven Wert proklamieren und darin kreatives Kapital sehen. »Diversity« heißt das Stichwort, unter dem die Strategien für einen konstruktiven Umgang mit der Heterogenität einer Gesellschaft zusammengefasst werden. Auch die Politik sieht hier neue Chancen für ein besseres Zusammenleben in unserer globalisierten Welt. Der Autor und Journalist Thomas Schmid, der sich seit langem mit diesen Fragen und Denkmodellen auseinander setzt, untersucht in seinem Essay kritisch diese Begeisterung und analysiert die Tücken im Miteinander der Kulturen. Er formuliert klare Forderungen für den Umgang mit der längst realen Vielfalt in unserer Gesellschaft.

Beobachten, zuhören und analysieren – so unterschiedlich die Zugänge unserer Autoren, so verschieden sind auch die Herangehensweisen des Deutsch-Türkischen Dialogs der Körber-Stiftung, die die Anregung zu diesem Buch gab. Die Reibung, die dabei entsteht, so lehrt die Erfahrung der über zehnjährigen Arbeit, ist kein Verlust, sondern entwickelt Kraft und eröffnet neue Perspektiven, die ein gegenseitiges Verstehen fördern.

Seit 1992 engagiert sich die Körber-Stiftung mit Symposien, Förderprogrammen und Wettbewerben für einen deutsch-türkischen Dialog. Sie ist damit eine der wenigen Organisationen in Deutschland, die sich die intensive Pflege des deutsch-türkischen Verhältnisses zur Aufgabe gemacht hat. Nicht nur die knapp drei Mio. Bürger türkischer Herkunft sind Grund für dieses Engagement. Die Körber-Stiftung versteht die Auseinandersetzung mit der Türkei zudem als einen konstruktiven Beitrag zur Klärung des europäisch-türkischen Verhältnisses, das nicht nur im Rahmen der Diskussionen um eine EU-Mitgliedschaft in aller Munde ist. Die Zeiten, in denen ein Nebeneinander vielleicht noch möglich war, sind vorbei; das Miteinander aber bleibt auf Grund unterschiedlicher kultureller und religiöser Prägungen noch schwierig. Um ein Miteinander trotz Missverständnissen und Kontroversen zu erproben, finden jährlich auf dem Petersberg bei Bonn die deutsch-türkischen Symposien statt. Auf Einladung der Körber-Stiftung treffen sich dort Persönlichkeiten aus Politik, Wirtschaft, Wissenschaft, Kultur und den Medien – Vertreter staatlicher und nichtstaatlicher Organisationen, *grass roots* und Eliten, Theoretiker und Praktiker; Menschen, die auf Grund ihrer politischen, sozialen oder ethnischen Zugehörigkeit in ihren jeweiligen Ländern nicht an einem Tisch sitzen und diskutieren würden. In diesem geschützten Raum ohne Öffentlichkeit wird es für alle Seiten leichter, sich auch an grundlegende Themen heranzuwagen,

die das Verhältnis beider Länder berühren. Der Umgang mit Gewalt, das Geschlechterverhältnis, die Rolle der Religion, die Bildungschancen – bei den Annäherungsversuchen an solche Basisfragen des jeweiligen Gesellschaftsverständnisses werden nicht nur Informationsdefizite ausgeglichen; das Denken wird aus den Schubladen geholt, Gemeinsamkeiten und Differenzen werden ausgelotet.

Als »Arbeit am Nervensystem der Globalisierung« hat der Symposiumsteilnehmer und Journalist Reinhard Kahl diesen Willen zum Dialog charakterisiert. »Denn beim Dialog geht es nicht nur darum, anzuerkennen, dass der andere Recht haben könnte. Es geht vor allem darum, Unterschiede bestehen zu lassen und Vielfalt zu vermehren. Dialoge setzen Anerkennung voraus oder produzieren sie. Wenn der Drang, Recht haben und seine Identität behaupten zu wollen, zurücktritt, dann kommen neue Mischungen auf, dann kann Neues entstehen.«

Beim 10. Symposium, das im Mai 2004 unter dem Thema »Vielfalt als Chance – ›Diversity‹ als Konzept für Deutschland und die Türkei« stand, ging es um mehr als Anderssein von Migranten. Große Wirtschaftsunternehmen nutzen bereits in zunehmendem Maße nach amerikanischem Vorbild die Potenziale des »Managing Diversity«. Vom Europäischen Rat wurden bereits vor vier Jahren Richtlinien zur Bekämpfung von Diskriminierung auf Grund von Geschlecht, ethnischer Herkunft, Religion, Weltanschauung oder Behinderung, Alter oder sexueller Orientierung beschlossen. Auf dem Symposium zeigte sich nichtsdestotrotz, dass »Diversity« sich in der gesellschaftspolitischen Auseinandersetzung hauptsächlich auf Ethnie und Religion konzentriert. Die vielen nützlichen Impulse, die während des Symposiums für beide Gesellschaften entwickelt wurden, präsentiert die Körber-Stiftung auf der Website des Deutsch-Türkischen Dialogs und bringt sie so in

eine öffentliche Debatte. Zusätzlich stellt die Körber-Stiftung 50 000 Euro für ein Förderprogramm zur Verfügung, um Begegnungs- und Kooperationsprojekte zu unterstützen, die im pädagogischen, wissenschaftlichen, künstlerischen oder sozialen Bereich Vielfalt im deutsch-türkischen Kontext realisieren helfen. Auch dafür finden sich die Ausschreibungsmodalitäten auf der Website.

Alle vier Elemente – die Nahaufnahmen von Ömer Erzeren, der strategische Essay von Thomas Schmid, die Denkanstöße des Symposiums und das Förderprogramm – betten sich ein in einen stiftungsweiten Schwerpunkt unter dem Titel »Integration: dem Individuum zuhören – zivilgesellschaftliches Engagement fördern«. Trotz aller Unterschiedlichkeit der Herangehensweise haben beide Autoren das Gleiche im Blick. Beide wollen der Individualität und Subjektivität des Einzelnen Raum geben und seine Entfaltungsmöglichkeiten fördern. Kollektive, die sich nicht nur nach außen abgrenzen, sondern auch nach innen sanktionieren, halten sie weder für konstruktiv noch zukunftsfähig. Dem Individuum zuhören und es in seinen Erfahrungen ernst nehmen ist somit ein gutes Training im Aushalten und Akzeptieren von Anderssein. Ömer Erzerens Porträts und Geschichten über den lebensfrohen Dicken oder die selbstbewusste Behinderte mögen in diesem Sinne unsere Nervensysteme sensibilisieren und helfen, unsere Mauern zwischen dem scheinbar normalen und dem fremden Anderen abzubauen.

Wissenswertes über die Arbeit des Deutsch-Türkischen Dialogs und alle Informationen zum Themenschwerpunkt »Vielfalt als Chance – ›Diversity‹ als Konzept für Deutschland und die Türkei?« finden Sie auf unserer Website:

www.deutsch-tuerkischer-dialog.de
www.koerber-stiftung.de

Fachhochschule Landshut

– BIBLIOTHEK –

Fachhochschule Landshut

BIBLIOTHEK

Deutsch-Türkischer Dialog

Die Körber-Stiftung setzt sich in vielfältiger Weise für deutsch-türkische Kontakte ein. Mit Symposien, Förderprogrammen und Wettbewerben trägt sie dazu bei, die Eigenart der fremden Kultur zu erfahren und somit die Besonderheiten der eigenen Kultur mit anderen Augen zu betrachten. Diese Begegnungen initiiert die Körber-Stiftung seit 1992 mit dem Ziel, Vorurteile gegenüber einer großen Gruppe der in der Bundesrepublik lebenden Migranten und ihrem Herkunftsland zu vermindern.

Die jährlich durchgeführten deutsch-türkischen Symposien bieten politischen und gesellschaftlichen Akteuren ein Forum, Kernfragen der zwischenstaatlichen Beziehungen – von der Rolle des Militärs über Bildungs- bis hin zu Genderfragen – offen und kontrovers zu erörtern. Mit einem Förderprogramm werden deutsch-türkische Dialogprojekte im pädagogischen, wissenschaftlichen, künstlerischen und sozialen Bereich finanziell unterstützt und begleitet.

 Deutsch-
Türkischer
Dialog

Kontakt:
Oya Susanne Abalı | Esther Karay
Telefon   040 · 72 50 - 25 12
Telefax   040 · 72 50 - 39 22
E-Mail   tuerkei@stiftung.koerber.de
www.deutsch-tuerkischer-dialog.de

gekommen und geblieben

Elf Geschichten türkischer Einwanderer der ersten Generation

Warum hat Nermin Özdil 1973 als junge Frau die Türkei verlassen? Warum ist sie in Deutschland geblieben? 31 Jahre lebt sie nun schon in Norddeutschland. Hamburg ist ihr Zuhause, die Türkei das Land der Urlaube und Erinnerungen.

So wie Nermin Özdil geht es vielen türkischen Migranten der ersten Generation. In elf Lebensgeschichten erinnern sich mit ihr Arbeiterinnen und Arbeiter, Studenten, Kaufleute, Handwerker und politische Flüchtlinge an ihre Wurzeln in der Türkei, an harte Jahre in der Fremde, schleichende Gewöhnungsprozesse, aber auch an die Erfüllung mancher Lebensträume in der neuen Heimat.

Ebenso einfühlsam wie informativ zeichnet der Journalist und Filmemacher Michael Richter diese Lebensgeschichten auf und rückt damit ein Stück bundesdeutscher Geschichte in den Vordergrund.

»Ein Buch, das uns alle umwirft! Es wirft uns um durch die Offenheit seiner Protagonisten: Sie erzählen uns mit einer verblüffenden Ehrlichkeit ihre Geschichte. Wir haben sie so noch nie gehört.« *Dilek Zaptçıoğlu*

Michael Richter
gekommen und geblieben
Deutsch-türkische Lebensgeschichten
mit einer Einführung von Dilek Zaptçıoğlu

280 Seiten mit 56 s/w-Abbildungen
Softcover | 13 x 20 cm
ISBN 3-89684-048-7
Euro 14 (D)